カロリー控えめでヘルシーな

おから、豆腐、豆乳、野菜の
お菓子

高橋典子
Noriko Takahashi

文化出版局

目次

はじめに……3
素材と器具の注意点……3

おからのお菓子 4
小麦粉なしのしっとりガトーショコラ……5
黒糖ジンジャーケーキ……8
フルーツデコレーションケーキ……10
アップルクランブルケーキ……12
ベリーのタルト……14
ベークトチーズケーキ……15
マロンのロールケーキ……16
ワッフル……18
きな粉バタークリームの作り方……18
昔風ドーナッツ……19
トリュフ……20
クッキー(ブール・ド・ネージュ、紅茶のクッキー)……21

豆腐と豆乳のお菓子 22
ティラミス……23
基本の豆腐クリームと豆乳ソースの作り方……25
豆腐クリームアラカルト……26
豆乳ソースアラカルト……27
豆腐クリームを使ったトライフル……29
豆乳ソースを使ったカラフルタピオカココナッツ……29
レアチーズケーキ……30
ダークチェリークラフティ……31
豆腐のチョコレートババロワ……32
豆腐のキャラメルババロワ……32
かぼちゃのプリン……33
マンゴープリン……33
豆腐白玉入り白ごまのお汁粉……36
エスニック風豆乳黒ごまゼリー……37

豆ときな粉のお菓子 40
煮豆のモンブラン……41
カラフル甘納豆のもっちりかん……44
ラム酒漬け大納言のクグロフケーキ……45
黒豆みつ豆……48
白いんげんのアイスミルク……48
青えんどう豆の茶巾絞り……49
きな粉と緑茶のスポンジとプリンの2層ケーキ……52
きな粉とバナナのケーキ……53

みそとしょうゆのお菓子 56
白みそのマフィン……57
みそを使ったデザート……59
みそバタークリームのレーズンウィッチ……60
しょうゆのフィナンシエ……61
しょうゆのクッキー……64
しょうゆの焼きプリン……65
しょうゆのお手軽おやつ……67

野菜のお菓子 68
ジンジャーシフォンケーキ……69
甘煮しょうがのパウンドケーキ……69
甘煮しょうがの作り方……71
ジンジャー風味のカスタードタルト……72
ジンジャースフレ……73
玉ねぎとドライトマトのケーキ……76
パンプキンパイ……77
にんじんプリン……80
さつまいもとりんごのミルフイユ……81
ごぼうのオランジェット……82
ごぼうのカフェモカケーキ……83
トマトと赤ワインのコンポート……84
トマトのグラニテ……85
赤いパプリカのパンナコッタ……86
きゅうりとキーウィフルーツのゼリー……87
ミントカヌレ……88
季節の野菜のグラッセ……90
野菜チップス……91
季節の野菜のジャム……94

豆腐、豆乳、おからの話……39

この本の大さじ1は15㎖、小さじ1は5㎖です。

はじめに

自分や大切な人のために、おいしくて体にやさしいデザートが簡単にできたら、どんなにいいことでしょう。この本には、そんなデザートがたくさん詰まっています。体にやさしいといっても、おいしさを我慢したり、栄養面だけを重視したものとは違います。まず大切なことは、おいしい！と喜んでもらえること。そして大切にしたかったのは、日本ならではの素材を生かすということでした。豆、豆腐、おからや、日本の代表的な調味料であるみそやしょうゆはもちろん、ごぼうやしょうがなどあまりデザートとして使われない野菜もたくさん使いたいという気持ちから、ヘルシーデザートの研究を続けてきました。珍しさとおいしさと、食べた後におなかもすっきりすると、多くの人に喜んでいただきました。ヘルシーで見た目もゴージャスで、なるべく簡単に作ることのできるレシピをまとめたのが本書です。どうぞ、この本の中の、目についたお好きなものから作ってください。

素材と器具の注意点

豆腐は木綿豆腐を使っています
地方により、また、店によってかなり水分量が違いますが、この本では木綿豆腐を使っています。特に指定をせずに「豆腐」としている場合は、木綿でも絹ごしでもかまいません。鮮度のいいものを使うようにしてください。

おからは白くて水分量の少ないものを使います
大豆の種類によって、黒色や赤色の豆の「目」の部分がおからに残っているものがありますが、白く仕上げたいお菓子には向きません。また、水分量がなるべく少ない、ばらりとしたものを選んでください。水分量の多いおからの場合は、電子レンジである程度水分を飛ばしてから使ってください。かたまりがあったら、ばらばらにほぐしておきます。その日のうちに使いきれない分は、使う量ごとに密閉して冷凍保存することができます。

卵はMサイズを
この本では、基本的にMサイズ（58〜64g）を使用します。Lサイズのものは、卵黄の大きさはMサイズと変わらず、卵白が多いケースがほとんどだからです。だいたい、卵黄が20g、卵白が30g、残りが殻の重さです。

バターは無塩バターを
バターとはこの本では無塩（食塩不使用）のものです。入手できれば無塩の発酵バターがとても香りがよく、特にパウンドケーキでは、焼上りの風味がよくなります。製菓用のマーガリンで代用することも充分に可能です。生活クラブ生協の「マーガリン」は発酵乳の風味が生きていて、遺伝子組換え対応もなされているので、私はよく利用しています。

砂糖は黒糖または粗糖（原料糖）をメーンに
真っ白に仕上げたいもの、かたくしっかりと卵白を泡立てるときにはグラニュー糖（なるべく製菓用の微粒グラニュー糖）を使いますが、それ以外は、黒砂糖または粗糖（原料糖）の微粒を使っています。ミネラル分が豊富で栄養的にすぐれていることと、風味がおからや豆腐に合うからです。ただ「砂糖」と表示したところは、種類を問いませんし、すべてを普通の上白糖で作ってもかまいません。

薄力粉はふるって使います
製菓用のバイオレットを使っています。特に、シフォンケーキやスポンジケーキなど、ふんわりしっとり仕上げるものに適しています

が、普通の薄力粉でもかまいません。事前にふるうことで、空気が含まれ、仕上りが違ってきます。

バニラエッセンスとバニラオイル
基本的には、高熱で焼き上げるお菓子の場合はバニラオイル、そうでないものにはバニラエッセンスを使います。加熱するものにバニラエッセンスを使う場合は、多少香りが飛んでしまうので、少し量を増やしてください。

オーブンの温度
あらかじめ焼く温度より10℃上げて温めておきます。扉を開けたときにすぐに温度が下がるからです。焼きはじめたら、設定温度に合わせ直してください。この本では、電気式のコンベクションオーブンを使っています。オーブンによって焼上りの時間もかなり変わってきますので、初めは短めに設定し、焼上りの様子を見ながら、調節してください。

パウンド型の準備
普通のパウンド型は、オーブンシートを敷く方法と、バターを薄くぬって強力粉（なければ薄力粉）を全体にふるい、余分な粉をはたき落とすという方法があります。どちらでも自分のやりやすいほうでかまいませんが、この本では、バターと強力粉の方法を基準に書いています。フッ素樹脂加工がされている型はその必要もないのですが、型離れが心配な場合には、バターと強力粉の準備をしてください。焼いたものを取り出すのが難しそうな型は、オーブンシートのほうが安心です。ちなみに、シフォンケーキは、絶対にバターをぬらずにそのまま使ってください。

ボウルの大きさ
レシピの中に「大きなボウルに」とあるものは、最終的にそこに他の材料などが入ってきます。そこで大きめのボウルを始めから使っていたほうが、後から移し替えたりする必要がなく、洗い物も少なくなるようにと思って書いたものです。直径20cm以上のものがいいでしょう。私は無印良品のボウル（L）を使っています。底が平らなので、IH調理器で温めるときに利用できるからです。

電子レンジは600Wです
この本では、600Wを標準に作っていますので、ご家庭の機種やパワーに応じて、加熱する時間を調節してください。

おからのお菓子

おからは、大豆から豆腐を作る過程でできるもので、
豆腐同様新鮮さが大切です。
英語でもokaraまたはsoybeans fiberと訳され、食物繊維がたっぷりで、
体にやさしいエコ食材として、今大注目です。
しっとり感を出したり
カロリーダウンを図ったりの
プラスの効果がたくさんあります。
いろいろ工夫して利用する場面を増やしていきたい、
日本の誇る食材の一つです。

小麦粉なしのしっとりガトーショコラ

手軽な材料で簡単にできるのに、誰に差し上げても、おいしいと喜んでもらえるケーキ。
小麦粉を全く使わず、おからで作っていることを伝えると、びっくりされること請合いです。
熱量＝1人分（8等分）152kcal

作り方6ページ

小麦粉なしのしっとりガトーショコラ

材料(7×18×高さ6cmのパウンド型1台分)
おから　　100g
ココア　　50g
はちみつ　　50g
牛乳　　50mℓ
ラム酒(またはブランデー)　　適宜
バター　　50g
卵　　2個
黒糖(粒子の細かいもの)　　60g

作り方

準備　型にバター(分量外)をぬって、軽く粉(分量外)をはたく。バターを室温に戻す。

1. 大きなボウルにおからを入れ、ココアをふるって加え、はちみつ、牛乳、ラム酒を加えてよく混ぜる。
2. 別のボウルにバターを入れて泡立て器でよく混ぜ、クリーム状になったら**1**に加えてさらに混ぜる。
3. もう一つ別のボウルに卵を入れて軽くほぐし、黒糖を加え、ハンドミキサーで白くもったりするまで4〜5分かけて、しっかりと泡立てる。
4. **3**の半量を**2**に加え、生地が完全になじむようにゴムべらでよく混ぜる。残りの半量を加え、泡をつぶさないようにさっくりと混ぜる。
5. 型に生地を流し入れて、軽くトントンと型を落として中の空気を抜く。両端を少し高く、中心を少しへこませるように整える。四隅に生地をきちんとつけておくと、でき上りの角がきれいにできる。
6. 180℃のオーブンで35〜40分焼く。
7. すぐに型から出し、完全に冷めたら、ラップフィルムなどで密閉し、冷蔵庫で保存する。

＊できれば1日ねかせてからのほうがおいしくいただけます。
＊ラム酒またはブランデーの量はお好みで。

1 おからにココアをふるい入れる。

3 卵と黒糖をしっかり泡立てる。

4 **3**を**2**に半量ずつ加える。

5 型に入れて両端を高くし、角をきっちり決める。写真はオーブンシートを使った例（より取り出しやすい）。

黒糖ジンジャーケーキ

しょうがの香りがほんのりきいたこのケーキは、コーヒー、紅茶、緑茶、中国茶など、どんなお茶にも合います。
少し厚めに切って召し上がってください。

熱量＝1人分(8等分) 210kcal

材料(7×18×高さ6cmのパウンド型1台分)
おから　　100g
しょうが　　25g
バター　　90g
黒糖(粒子の細かいもの)　　120g
卵　　2個
薄力粉　　60g
ベーキングパウダー　　1g(小さじ¼)
けしの実(あれば)　　適宜

作り方
準備　バターと卵は室温に戻す。しょうがはよく洗い、皮ごとすりおろしてしぼり汁をとる。型にバター(分量外)をぬって軽く粉(分量外)をはたく。

1　大きなボウルにバターと黒糖を入れ、ハンドミキサーのスイッチを入れない状態で、よくすり混ぜる。
2　ハンドミキサーの高速でクリーム状になるまで泡立てる。
3　とき卵を2、3回に分けて加える。加えるたびに高速で30秒ほど泡立て、ふっくらしたクリーム状にする。
4　薄力粉とベーキングパウダーを合わせてふるい、**3**のボウルに加えて、ゴムべらでつやが出るまでよく混ぜる。
5　おからとしょうがのしぼり汁を加えて軽く混ぜる。
6　型に生地を入れて軽くトントンと落として空気を抜き、両端を少し高く、中心を少しへこませるような形に整える。四隅をきちんと型に張りつけ、上にけしの実をふりかける。
7　180℃のオーブンで40分前後、ふくらんできたところにもしっかり焼き色がつくまで焼き上げる。
8　すぐに型から出して冷ます。完全に冷めてから、ラップフィルムなどで密閉し、冷蔵庫で保存する。

＊バターをふっくら泡立てることで口当りのしっとりとした、きめの細かいケーキになります。

しょうがはすりおろし、布に包んで絞ると汁がよくとれる。

1　バターと黒糖を合わせたら、最初はハンドミキサーのスイッチを入れないですり混ぜる。

フルーツデコレーションケーキ

ケーキの中でも最もカロリーが高いとされるショートケーキも、薄力粉の半量をおからに替え、
クリームの半量は水きりヨーグルトを混ぜているこのレシピなら、かなりカロリーダウンされます。

熱量＝1人分（8等分）256kcal

材料（直径18cmの丸型1台分）
おから　　80g
卵　　4個
グラニュー糖　　80g
薄力粉　　70g
バター　　20g
バニラオイル　　数滴
ヘルシークリーム（デコレーション用）
　　生クリーム　　100mℓ
　　グラニュー糖　　20g
　　水きりヨーグルト（下記参照）　　100g
シロップ（グラニュー糖20gに水50mℓ、
　　キルシュなどの香りづけの洋酒20mℓを混ぜる）
いちご（へたを取り、縦に薄切り）　　1パック分

水きりヨーグルト
プレーンヨーグルトをペーパータオルを敷いたざるなどで受け、一晩水きりをすると、濃厚なクリームができます。生クリーム代わりに、アイスクリームなどを作ってもおいしい。出た液（ホエー）は栄養分がたっぷりです。ホットケーキミックスをホエーで溶くだけで、もっちりおいしいパンケーキができます（p.95）。

一晩水きりをしたヨーグルトとホエー。500gのヨーグルトが、水きり後は約220gになる。

作り方
準備　バターは電子レンジに10秒かけてとかす。水きりヨーグルトを作る。型の底と側面にオーブンシートを敷いてバター（分量外）で軽くとめる。

1　スポンジを作る。大きなボウルに卵とグラニュー糖を入れ、ハンドミキサーで4～5分泡立てる。
2　ふるった薄力粉を1のボウルに一度に加え、ゴムべらでつやが出るまでよく混ぜる。
3　おから、バター、バニラオイルを加えてよく混ぜる。
4　型に3の生地を流し入れて、型を軽く落として中の空気を抜く。
5　170℃のオーブンで35～40分、きれいな焼き色がつくまで焼く。オーブンから出し、すぐに型を軽く落として、焼き縮みを防ぐ。型からはずして上下逆さにし、粗熱が取れたら、元の向きに戻して冷ます。
6　デコレーション用のクリームを作る。生クリームにグラニュー糖を加えて七分目まで泡立て、水きりヨーグルトを加えて軽く混ぜる。⅔量を別のボウルに取り分け、残りはさらにかために泡立てる。
7　5のスポンジを横半分にスライスし、断面と上面にシロップをはけでぬる。
8　皿に下のスポンジを置き、いちごをのせ、かために泡立てたほうのクリームをのせる。上のスポンジを重ね、やわらかいほうのクリームを上面と側面にナイフできれいにつける。上にいちごを飾る。

＊1で卵を泡立てるときに、湯せんにかけるかIH調理器の最低温度にかけながら行なうと、しっかり泡立ちます。
＊少し時間をおくとシロップがスポンジによりしみ込み、しっとりとおいしくいただけます。
＊いろいろなフルーツで応用もできますから、季節ごとに楽しんでください。

準備  
底のオーブンシートは2cm程度大きくカットし、4～5cm間隔に切込みを入れる。
側面のオーブンシートは型より3cm程度高く切り、バターでとめる。

アップルクランブルケーキ

ロンドンで暮らしていたときに覚えてよく作っていたケーキを、おからを使ってよりヘルシーなレシピにしました。
温かいうちにクリームを添えていただくのが英国風ですが、冷蔵庫に1日おいて、なじんだものもおいしいです。
熱量＝1人分（9等分）202kcal

材料(15×15cmのスクエア型1台分)
おから　120g
りんご　1個(250g程度)
バター　60g
黒糖　70g
卵　1個
オレンジのしぼり汁(または100%オレンジジュース)
　30ml(オレンジ約½個分)
バニラオイル　適宜
スパイス(ナツメッグ、シナモン)　各適宜
薄力粉　70g
ベーキングパウダー　5g(小さじ1¼)
クランブル
　薄力粉　40g
　バター(冷やしておく)　20g
　黒糖　15g
　くるみ(刻む)　20g

作り方
準備　型にオーブンシートを敷いてバター(分量外)で軽くとめる。バター60gは室温に戻す。
1　りんごはよく洗い、皮はむかずに芯を取り、1cm角に切る。
2　大きなボウルに、室温に戻したバター、黒糖、卵を入れてハンドミキサーでもったりとするまで泡立て、オレンジのしぼり汁、バニラオイル、スパイスを加える。
3　薄力粉とベーキングパウダーを合わせてふるい、2に加えて軽く混ぜる。おからと1のりんごも加えて混ぜる。
4　クランブルを作る。ボウルに薄力粉を入れ、さいの目に切った冷たいバターを入れ、手でぼろぼろになるまで手早くすり合わせる。黒糖と刻んだくるみを加えて混ぜる。
5　型に3の生地を入れ、トントンと軽く落として空気抜きをし、四隅を高くする。上から4のクランブルをふりかけ、170℃のオーブンで1時間程度焼く。
6　型に入れたまま10分程度そのままおいて粗熱を取り、型からはずす。

＊スパイスは少し多いかなと感じるくらい入れてください。
＊生地がかなりかたく感じるかもしれませんが、りんごから出る水分でほどよくしっとりと焼き上がります。
＊厚めに切っていただきます。サワークリームや生クリームを添えてもいい。
＊保存は、完全に冷めてからラップフィルムで密閉して、冷蔵庫で。

4　薄力粉と冷たいバターを手早く、ぼろぼろにすり合わせる。

ベリーのタルト

タルト生地にもヘルシーにおからを使いました。この本の他のタルトも、この生地が基本になります。
アーモンドクリームの濃厚なおいしさと、季節のフルーツのみずみずしさがマッチして、見た目も華やかなタルトです。
熱量＝1人分（8等分）356kcal

材料（直径18cmのタルト型1台分）
タルト生地
　おから　　70g
　薄力粉　　70g
　ショートニング　　30g
　グラニュー糖　　20g
　卵白　　1個分
アーモンドクリーム
　バター　　75g
　グラニュー糖　　75g
　アーモンドパウダー　　75g
　卵黄　　1個分
　卵　　1個
　バニラエッセンス　　5滴
ジャムソース
　あんずジャム　　30g
　グラニュー糖　　10g
　水　　30mℓ
生クリーム　　100mℓ
グラニュー糖　　10g
フルーツ（いちご、ブルーベリー、
　クランベリー、ぶどうなど数種）　各適宜
粉糖やミントの葉（あれば）　各適宜

作り方
準備　型にバター（分量外）を薄くぬる。バターは室温に戻す。

1. タルト台を作る。ボウルにおから、ふるった薄力粉、ショートニング、グラニュー糖、ときほぐした卵白を入れ、手で混ぜてひとまとめにしてラップフィルムで包み、10分以上冷蔵庫で休ませる。
2. **1**を2枚のラップフィルムではさんでめん棒でのばす。型より4cm程度大きめの円形にのばし、型に敷き込み、フォークで10か所程度穴をあける。
3. アーモンドクリームを作る。ボウルにバターとグラニュー糖を入れて泡立て器でよく混ぜる。そこにアーモンドパウダー、卵黄と卵を合わせてといたもの、バニラエッセンスを加えてよく混ぜる。
4. **2**に**3**のクリームを入れて、上を平らにし、200℃のオーブンで10分程度、少しふくらんで色づくまで焼く。粗熱が取れたら、型からはずして皿にのせる。
5. ジャムソースの材料を合わせて電子レンジに30秒かけ、タルト台の上にはけでぬる。
6. 生クリームにグラニュー糖を加えて八分どおり泡立てたクリームを、**5**のタルトの上に広げる。
7. 数種類のフルーツをクリームの上に飾り、あれば粉糖をふり、ミントの葉を飾る。

粉糖やミントの葉で飾ってもかわいい。

＊季節ごとのフルーツでいろいろ楽しみましょう。

ベークトチーズケーキ

なめらかでさっぱりした味のチーズケーキです。おからがたっぷり入って、すごく低カロリー。お好みのフルーツソースを添えてどうぞ。

熱量＝1人分（8等分）198kcal

材料(直径16cmの丸型1台分)
- おから　120g
- バター　30g
- クリームチーズ　200g
- 卵黄　2個分
- はちみつ　20g
- グラニュー糖　60g
- コーンスターチ　10g
- 牛乳　20mℓ
- 卵白　2個分
- レモンのしぼり汁　大さじ1
- レモンの皮のすりおろし　1/4個分

作り方

準備　型にオーブンシートを敷き、バター（分量外）で軽くとめる。バターとクリームチーズは室温に戻す。卵白はボウルごと冷蔵庫で冷やしておく。

1. バターとクリームチーズは1cm程度の厚さに切り、電子レンジで30秒ずつ様子を見ながらやわらかくして大きなボウルに入れ、ハンドミキサーでなめらかにする。
2. 別のボウルに卵黄とはちみつ、グラニュー糖20g、コーンスターチを加えてなめらかに混ぜる。
3. 牛乳を電子レンジで50℃程度に温め、**2**のボウルに加えてとろみがつくまで混ぜる。
4. **3**を**1**に加え、なめらかになるまでハンドミキサーにかけ、おからも加えて混ぜる。
5. 卵白にグラニュー糖20gを加えて、ハンドミキサーで七分立てにし、残りのグラニュー糖20gも加えてしっかり角が立つまで泡立て、メレンゲを作る。
6. **5**の1/3量を**4**のボウルに加えて、よく混ぜてなじませる。残りのメレンゲとレモン汁、レモンの皮のすりおろしも加えてさっくりと混ぜる。
7. 型に生地を入れて表面を平らにし、トントンと落として空気抜きをしてから、天板に湯を張った180℃のオーブンで15分蒸焼きにする。扉は途中で開けず、温度を165℃に下げて、さらに25分程度うっすら色がつくまで焼く。扉は開けないで、そのまま1時間以上オーブンの中でじっくりと冷ます。
8. 型からはずし、冷蔵庫で冷やす。

＊蒸焼きにするので、型は底の取れないタイプを使います。

マロンのロールケーキ

おからを使うことと、卵の泡立ての方法で、
ロールケーキの生地がとてもしっとりと仕上がる、ヘルシーなロールケーキです。
中に巻き込むのは、生クリームを全く使わないから低カロリーの、マロン味の豆腐クリーム。
豆腐クリームはp.26でいろいろな味を紹介していますので、ぜひお好きなクリームでも試してみてください。

熱量＝1人分（8等分）172kcal

材料（25×25cmのロールケーキ型使用。
　　でき上がりの大きさ24×8cm1本分）

スポンジ生地
　おから　　　30g
　卵　　　　　3個
　グラニュー糖　　80g
　牛乳　　　小さじ2
　薄力粉　　　35g
　ベーキングパウダー　　1g（小さじ¼）
　ココア　　5g
　炭パウダー（あれば）　　2g

シロップ
　砂糖　　10g
　ラム酒　　小さじ2
　水　　20ml

マロン味の豆腐クリーム（p.25豆腐クリーム参照）
　木綿豆腐　　200g
　焼き麩　　　18g
　黒糖　　25g
　バニラエッセンス　　4〜5滴
　ラム酒　　小さじ2
　マロンクリーム（市販のもの）　　30g
　栗の甘露煮　　6粒程度

11-1
1辺を斜めにカットし、カットした辺を向う側にして置く。

11-2
シロップをぬり、豆腐クリームをぬる。

11-3
手前から巻く。

11-4
巻終りを下にしてラップフィルムで包む。

作り方

準備　型（天板）にクラフト紙を敷く。卵は卵黄と卵白に分ける。シロップは材料を合わせて電子レンジで30秒加熱する。栗の甘露煮は5mm角に切る。

1　ボウルに卵白とグラニュー糖20gを入れて、ハンドミキサーでしっかり角が立つよう泡立てる。途中でグラニュー糖20gを加えて、メレンゲを作る。

2　別の大きなボウルに、卵黄と残りのグラニュー糖40gを入れ、白くもったりするまで、ハンドミキサーで3〜4分泡立てる。牛乳を加えて軽く混ぜる。

3　2のボウルに、薄力粉、ベーキングパウダー、ココア、あれば炭パウダーをふるい入れて、ボウルの周囲から回し込むようにゴムべらで混ぜる。

4　おからを加えて、かたまりなどがなくなるように混ぜる。

5　1の⅓量を4のボウルに入れ、両方をよくなじませるようにまわりから大きく混ぜる。

6　残りのメレンゲもすべて加え、さっくりと混ぜる。

7　型に6の生地をへらで入れ、型の四隅にきちんと生地がつくように、表面を平らにならす。

8　200℃のオーブンで10分程度で焼き上げる。途中でオーブンの扉を開けないように注意。

9　焼き上がったらすぐに型からはずし、クラフト紙をていねいにはがす。

10　豆腐クリームはp.25の基本と同様に作るが、ラム酒とマロンクリームを加えている。撹拌後フードプロセッサーから取り出し、5mm角に切った栗の甘露煮を混ぜる。

11　1辺を斜めにカットする（巻終りになる）。焼き色のついたほうを上にして、シロップをはけでぬり、豆腐クリームをカットした辺は端から2cm、他の辺は1cm程度残してぬり、手前から巻いていく。巻終りを下にして、ラップフィルムで包んで冷蔵庫で冷やし、落ち着かせる。

＊豆腐クリームはp.25の基本のクリームよりややかためにし、巻きやすくしています。また、スポンジ生地に合わせてやや甘めにしています。

ワッフル

おから入りのワッフル。焼きたてはもちろんおいしいのですが、
作りおきの冷えたものを、軽くトースターで温めてもおいしくいただけます。
熱量＝1枚分184kcal

材料（直径8cm程度のワッフル6枚分）
おから　　　80g
強力粉　　120g
牛乳　　70mℓ
卵　　1個
塩　　ひとつまみ
砂糖　　20g
ドライイースト　　6g
水きりヨーグルト
　（p.11参照）　20g
バター（1cm角に切る）
　30g
ざらめ、
　あられ糖のような
　粗めの砂糖
　（なければ普通の砂糖）
　30g

作り方
準備　水きりヨーグルトを作る（p.11参照）。

1. 大きなボウルに強力粉を山形になるように入れ、上に広めのくぼみを作り、そこに砂糖とドライイーストを入れ、上から人肌に温めた牛乳を注ぐ。イーストがなじんできたら、とき卵、おから、塩、水きりヨーグルトを加え、へらで混ぜる。
2. バターをボウルに加え、手でこねてなじませる。ざらめを加えて混ぜ、丸くまとめる。
3. ボウルにラップフィルムをかけ、倍近くになるまで発酵させる。
4. ゴムべらで6等分にし、一つずつつぶして軽くガス抜きをしてまとめる。
5. ワッフルメーカーできつね色に焼き上げる。

＊ワッフルメーカーがない場合は、フライパンでパンケーキ風に作ってみてください。
＊甘さ控えめなので、メープルシロップやはちみつのほかに、きな粉バタークリームを添えてもよく合います。

きな粉バタークリームの作り方
室温に戻したバター（発酵バターがベスト）40gとグラニュー糖20gを合わせて、泡立て器でよく泡立ててなめらかにし、きな粉5gを加えてさらに混ぜる。

昔風ドーナッツ

ドーナッツは懐かしいおやつの代表。おからを入れることで、
カロリーダウンと、しっとり感が持続するというメリットもあります。もちろんお味も格別！
熱量＝1本分128kcal（黒糖のみ）〜132kcal（黒糖＋きな粉）

材料（長さ10cm程度の棒状のドーナッツ8本分）
おから　　50g
卵　　　　1個
黒糖　　　25g
牛乳　　　25mℓ
バター　　15g
薄力粉　　70g
ベーキングパウダー　　2g（小さじ½）
バニラエッセンス　　4滴
揚げ油　　適宜
黒糖、シナモン、きな粉（仕上げ用）　　各適宜

作り方
準備　オーブンシートを12×3cm程度に8枚切る。薄力粉とベーキングパウダーを合わせてふるう。バターは電子レンジでとかす。

1 ボウルに卵を割り入れ、黒糖25gを加えて泡立て器でよく混ぜる。
2 牛乳とバターを加えてなめらかに混ぜ、おからを加えて混ぜる。
3 合わせてふるっておいた粉類を加え、ゴムべらに持ち替えて粉っぽさがなくなるまでよく混ぜる。バニラエッセンスを加えて軽く混ぜる。
4 1時間以上、冷蔵庫で生地をねかせる。
5 生地を絞り出し袋に入れ、長さ10cm、太さ1.5cm程度に、用意したオーブンシートに絞り出す。
6 揚げ油を中火で160℃強に熱し、**5**の生地をオーブンシートをつけたままシート側を上にして油に入れる。シートは自然にはがれたら取り出す。時々表裏を返しながら、きつね色になるまで揚げる。
7 油をきり、黒糖、黒糖＋シナモン、黒糖＋きな粉などをそれぞれ入れたポリ袋の中でまんべんなくまぶす。

＊生地がやわらかいので、絞り出し袋か、なければポリ袋の1隅をはさみで1cmほどに切り取り、オーブンシートの上に絞り出します。

6 オーブンシートをつけたままシート側を上にして油に入れる。

トリュフ

ほろっとやわらかい、やさしい味のトリュフ。3種類の味を作りました。カロリーが気になる人も、低カロリーで体にやさしいおからペーストだから安心です。プレゼント用にかわいい箱に入れてもすてき。
熱量＝1個分42kcal（ホワイトチョコレート）～47kcal（ブラックチョコレート）

材料（直径2cmのトリュフ約10個分。ホワイトチョコレートで説明）
おから　70g
グラニュー糖　25g
牛乳　40ml
スキムミルク　8g
コーンスターチ　5～7g
ホワイトチョコレート　30g強

作り方
準備　チョコレートを薄く削って小さめのボウルに入れる。

1. ボウルにおから、グラニュー糖、牛乳、スキムミルク、コーンスターチ5gを合わせてゴムべらでよく混ぜ、表面を平らにして、ラップフィルムをかけて電子レンジで2分加熱する。
2. 1の生地が手で扱いやすくだんご状にできるかたさならそのまま、やわらかすぎるようなら、さらにコーンスターチ2gを加えてよく混ぜ、再度1分電子レンジで加熱する。
3. 2の生地を冷まし、10等分にして、球形に丸める。
4. チョコレートを湯せんでとかし、丸めた生地を中に入れ、まわりをチョコレートでコーティングしたら、オーブンシートの上に取り出して冷ます。

＊保管は冷蔵庫で。なるべく早く食べきってください。

ブラックチョコレート
中の生地にシナモンやラム酒漬けレーズンを加え、ブラックチョコレートでコーティング。

ストロベリーチョコレート
中の生地にクランベリーやいちごの赤い皮の部分だけを少量刻んで加え、まわりをストロベリーチョコレートでコーティング。

クッキー（ブール・ド・ネージュ、紅茶のクッキー）

雪の玉のようなクッキー、ブール・ド・ネージュと、香り高い紅茶を入れたクッキーです。
熱量＝1個分37kcal（ブール・ド・ネージュ）～68kcal（紅茶のクッキー）

ブール・ド・ネージュ

材料（直径1.5cmの球約22個分）
おから　　　40g
バター　　　50g
粉糖（なければグラニュー糖）　　35g
バニラオイル　4滴
薄力粉　　　60g
粉糖（仕上げ用）　　適宜

作り方

準備　バターは室温に戻す。天板にオーブンシートを敷く。

1. ボウルにバターを入れ、粉糖、バニラオイルを加えて、泡立て器で白っぽいクリーム状になるまで、よくすり混ぜる。
2. おからを加えてかたまりがなくなるように混ぜ、続けて薄力粉を一気にふるい入れて、手で押しつけるようにして生地を一つにまとめる。
3. 直径1.5cmくらいになるように等分し、きれいな球形に丸める。
4. 180℃のオーブンで10分焼き、170℃に温度を下げて4分程度焼く。温度を下げてからは、注意しながら、焼き色が強くなりすぎないうちに取り出す。
5. クッキーが冷めたら粉糖を入れたポリ袋に入れ、全体にまぶす。

＊ブール・ド・ネージュのさっくりほろりとした食感を、おからを入れたこの配合でも味わうことができます。おからは、なるべく白くさらっとしたものを選びます。

紅茶のクッキー

材料（直径2cmのクッキー約25個分）
おから　　　70g
粉糖（なければグラニュー糖または上白糖）　　50g
薄力粉　　　80g
紅茶の茶葉　5g
バター　　　50g
ショートニング　50g
卵黄　　　　1個分
クリスタルシュガー（またはグラニュー糖。飾り用）　　適宜

作り方

準備　バターは冷蔵庫でよく冷やしておく。天板にオーブンシートを敷く。

1. フードプロセッサーに、おから、粉糖、薄力粉、紅茶の茶葉を入れ、数秒回すことを4～5回繰り返して、混ぜる。
2. 1cm角に切った冷たいバターとショートニングと卵黄を加え、さらにスイッチを入れて混ぜる。
3. 生地がまとまってきたら取り出し、太さ2cm程度の棒状にまとめて、ラップフィルムで包み、冷蔵庫で1時間以上休ませる。
4. 3の生地を厚さ7mm程度に切り、側面にクリスタルシュガーをつけて、170℃のオーブンで15分程度、うっすらと色づく程度に焼く。

＊生地はラップフィルムに包んで冷凍できるので、常備しておくと便利です。

＊紅茶はアールグレイなどのフレーバーティーが向いています。写真左はナッツを入れたバリエーション。

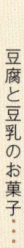

豆腐と豆乳の
お菓子

大豆をしぼった豆乳をにがりで固めると豆腐に。
世界中でtofuとして使われる食材になりました。
まさに日本を代表するヘルシー素材の代表選手。
これをデザートに使わない手はありません。
めんどうな水きりをしないで、豆腐の栄養も生かせるレシピを考えました。
豆乳もコレステロールが低く、
カロリーが牛乳の2/3程度とすぐれた食材です。

ティラミス

お手軽な材料でできているとは思えないほど、濃厚でおいしいティラミス。
豆腐や豆乳で大幅にカロリーダウンしています。豆腐や豆乳のにおいや味は、このレシピなら全くわかりません。
熱量＝1人分（8等分）119kcal

作り方24ページ

ティラミス

材料(20×14×高さ5cmの器1台分)
木綿豆腐　150g
クリームチーズ　75g程度
黒糖(粒子の細かいもの)　50g
豆乳　50ml
レモンのしぼり汁　小さじ½
カステラ(またはスポンジケーキ、ビスケットなど。
　市販のもの)　器の底面積の2倍程度
コーヒーシロップ
　インスタントコーヒー　大さじ2
　砂糖　大さじ1
　水　大さじ2
コーヒーリキュール(あれば)　適宜
ココア　適宜

作り方
準備　クリームチーズは室温に戻す。
1. 豆腐は電子レンジで2分程度加熱し、そのまま冷まして、出た水分を捨てる。
2. ボウルにクリームチーズと黒糖を入れ、ハンドミキサーのスイッチを入れないで軽く混ぜた後スイッチを入れ、なめらかになるまで混ぜる。
3. 1の豆腐の水気を再度捨てて2のボウルにくずし入れ、さらにミキサーで混ぜる。豆乳、レモン汁も加えて軽く混ぜ、豆腐チーズクリームにする。
4. カステラは薄く切る。コーヒーシロップの材料を合わせて電子レンジに約10秒かけて溶かし、コーヒーシロップを作る。
5. 器にカステラ半量を敷き、4のシロップ半量をまんべんなくかけ、あればコーヒーリキュールもかける。
6. 3のクリームの半量をのせる。
7. 残りのカステラを重ねて、残りのシロップをかけ、あればコーヒーリキュールをかける。
8. 3の残りをのせ、最後にココアをたっぷりふりかけ、冷蔵庫で1時間以上冷やす。

＊リキュールの量は好みで調節してください。
＊より低カロリーにしたい場合は、この豆腐チーズクリームの代わりに、右ページの基本の豆腐クリームを使ってください。

2　クリームチーズと黒糖を混ぜる。

3　豆腐を加えて、さらに混ぜる。

5　カステラにコーヒーシロップの半量をかける。

6　豆腐チーズクリームの半量をのせる。

8　最後にココアをかける。

カロリーが気になる人向けに、生クリームの代りになるようなものができたらと思って作りました。豆腐のにおいを黒糖などのフレーバーでカバーします。焼き麩もそのまま食べることができる低カロリーの食材です。

基本の豆腐クリームの作り方

材料（でき上り約210g）
木綿豆腐　　　200g
焼き麩　　　　12g
黒糖　　　　　20g
バニラエッセンス　　4～5滴

作り方
1. 豆腐は数切れに切って電子レンジで2分程度加熱し、そのまま冷まして、出た水分を捨てる。約180gになる。
2. 焼き麩はポリ袋などに入れて細かく砕き、フードプロセッサーで粉状にする。
3. 2に1の豆腐を加え、黒糖、バニラエッセンスも加え、なめらかになるまで撹拌する。

＊豆腐は軽く電子レンジにかけて、出た水分を捨てるだけ。めんどうな水きりはしません。後から出てくる水分はいいぐあいに焼き麩が吸ってくれます。
＊生の豆腐を使うので、できればその日のうちか翌日に食べきるようにしてください。

2
焼き麩はフードプロセッサーで粉状に。

3-1
水きりした豆腐を加える。

3-2
黒糖、バニラエッセンスも加えて撹拌する。

基本の豆腐クリームと豆乳ソースの作り方

基本の豆乳ソースの作り方

豆乳に黒糖で甘みを加えたヘルシーソース。そのままでもいいのですが、いろいろな風味を加えて、お菓子やパンケーキに、低カロリーで乳脂肪分が少ないソースをどうぞ。

作り方
豆乳70mlに黒糖大さじ2を加えて混ぜる。

チョコレート味

メープルシロップ味

いちご味

豆腐クリーム
アラカルト

p.25の基本の豆腐クリームに
いろいろな材料を加えて、
味の違いを楽しみます。

マロン味

ラムレーズン味

はちみつヨーグルト味

作り方28ページ

豆乳ソースアラカルト

p.25の基本の豆乳ソースに他の材料を合わせたものを紹介します。
風味の違いを用途により使い分けてください。

白ごま入り

キャラメルクリーム入り

ココナッツクリーム入り

作り方28ページ

豆腐クリームアラカルト

メープルシロップ味　a
メープルシロップ大さじ3を加えて混ぜる。

はちみつヨーグルト味　b
はちみつ大さじ2とヨーグルト大さじ1を加えて混ぜる。

チョコレート味　c
ココア大さじ1、はちみつ大さじ1、ラム酒小さじ1を加えて混ぜる。

マロン味　d
マロンクリーム大さじ3、ラム酒小さじ1、栗の甘露煮5粒を5mm角に切ったものを加えて混ぜる。

いちご味　e
いちごジャム大さじ2を加えて混ぜる。季節なら、生のいちごを数粒つぶして加えてもいい。

ラムレーズン味　f
ラム酒漬けのレーズン大さじ2を刻んで加える。

豆乳ソースアラカルト

白ごま入り　g
白練りごま大さじ1〜2をよく混ぜ合わせる。
和風の白玉あんみつやお汁粉などに。

ココナッツクリーム入り　h
ココナッツクリーム（p.38参照）小さじ2を加え、よく混ぜ合わせる。
エスニック系のデザートに。

ピーナッツバター入り　i
ピーナッツバター（粒のないもの）小さじ2を加え、よく混ぜ合わせる。
ピーナッツの香りが強いので、アイスクリームにかけたり、アクセントとして。

キャラメルクリーム入り　j
キャラメルクリーム（p.34参照）大さじ1〜2を加え、よく混ぜ合わせる。
やさしい甘さで、何にでも合う。

豆腐クリームを使ったトライフル

トライフルとはイギリスのデザートで、直訳すると「取るに足らないようなもの」。
でも、少しだけ残ってしまったカステラやスポンジケーキなど、
あり合せの材料でぱっとできる、みんなが大好きなデザートです。

材料(各適宜)
豆腐クリーム・チョコレート味(p.28参照)
スポンジケーキ(またはカステラ)
ラム酒(またはブランデー。子ども向けにはシロップ)
アイスクリーム
いちごなど好みのフルーツ

作り方
1 スポンジケーキを器の大きさに合わせて一口大に切り、風味づけの洋酒またはシロップ(砂糖大さじ1を水大さじ2で溶かしたもの)で少ししとらせてから、器の底に敷く。
2 その上に豆腐クリームをのせ、さらにアイスクリームやフルーツをのせる。
3 **1**と**2**をもう一度繰り返し、最後にフルーツを飾ってでき上り。

＊オリジナルのトライフルは生クリームやカスタードクリームをたっぷり使いますが、これは豆腐クリームなのでヘルシー！ 写真のようなグラスで作っても、平たい大きめの器に作って取り分けても。少し混ぜて食べたほうがおいしいので、取り分けるときにぐちゃっとなっても大丈夫です。

豆乳ソースを使ったカラフルタピオカココナッツ

中華のデザートで人気のあるものの一つが、
タピオカココナッツ。
通常のレシピはココナッツミルクを
大量に使うので高カロリーですが、
これは豆乳にココナッツクリームを
少量加えたソースなので、カロリーダウンされています。

材料(2人分)
豆乳ソース・ココナッツクリーム入り(p.28参照)　70ml程度
カラフルタピオカ　30g 程度

作り方
1 タピオカは袋の表示に従ってゆでて、冷水で一度軽く洗って冷やす。
2 器に水気をきったタピオカを入れ、豆乳ソースを注ぐ。

＊タピオカは白いものや黒いもの、大きさもいろいろあります。お好みでどうぞ。

レアチーズケーキ

豆腐がチーズと同量入っているとは全くわからない食感と濃厚な味。
カロリーダウンを気づかせません。

熱量＝1人分（8等分） 166kcal

材料(直径18cm の底の取れるタイプのパイ型1台分)
ダイジェスティブビスケット（全粒粉のビスケット） 70g
バター 30g
フィリング
　木綿豆腐　　100g
　クリームチーズ　　100g
　牛乳　　30mℓ
　グラニュー糖　　50g
　ヨーグルト　　100g
　卵黄　　1個分
　粉ゼラチン　　7g
　バニラエッセンス　　4滴
ミントの葉（あれば）　　適宜

作り方

準備　型に薄くバター（分量外）をぬる。バターは室温に戻す。豆腐は電子レンジで2分程度加熱し、そのまま冷まして、水きりする。ゼラチンは水大さじ1でふやかす。

1　パイの土台を作る。ポリ袋にビスケットを入れ、めん棒でたたいて細かくする。ボウルに移し、バターを加え、ざっと練ってひとまとめにし、型の底面全体に薄く敷きのばす。

2　フィリングを作る。クリームチーズと牛乳を、30秒程度電子レンジで加熱してやわらかくする。

3　フードプロセッサーに水きりした豆腐、2 のクリームチーズ、グラニュー糖、ヨーグルト、卵黄、ゼラチン、バニラエッセンスを入れ、よく混ぜ、なめらかになったら、1 に流し込む。

4　冷蔵庫で1時間以上、固まるまでよく冷やし、そっと型からはずす。あればミントの葉を飾る。

ダークチェリークラフティ

焼きたてのあつあつも冷やしてもおいしいデザートです。素朴なヨーロッパの家庭の味が、生クリームやチーズを使わなくても、このようにヘルシーに楽しめます。

熱量＝1人分（6等分）194kcal

材料（直径21cmのクラフティ型1台分）
豆乳　150mℓ
ダークチェリー（缶詰）　1缶（495g）
卵　2個
グラニュー糖　50g
薄力粉　60g
塩　ひとつまみ
牛乳　180mℓ
ブランデー　大さじ1

作り方
準備　型に薄くバター（分量外）をぬる。ダークチェリーは水気をきる。

1　型にバランスよくチェリーを敷きつめる。
2　大きなボウルに卵を割り入れてグラニュー糖を加え、泡立て器でクリーミーになるまで混ぜる。薄力粉と塩をふるい入れ、よく混ぜる。
3　豆乳と牛乳を合わせて、電子レンジに約30秒かけて40℃程度に温め、ボウルに少しずつ加えながら混ぜる。
4　ブランデーを加えて軽く混ぜ、型にそっと入れて200℃のオーブンで軽く焼き色がつくように20分程度焼く。

＊あんずや桃の缶詰も合います。季節には、生のアメリカンチェリーで作るとまた違ったおいしさです。その場合は、グラニュー糖を80gに増やしてください。

豆腐のチョコレートババロワ、豆腐のキャラメルババロワ

食べた人が全く豆腐とは気がつかないほど濃厚でおいしいババロワです。
生クリームを使っていないので、食べた後、もたれることがありません。
熱量＝1個分150kcal（チョコレートババロワ）～262kcal（キャラメルババロワ）

作り方34ページ

かぼちゃのプリン

おなじみのかぼちゃのプリンも、
豆乳を使って、
ヘルシーに簡単に
作ることができます。
カフェに負けない
うちの味を作ってください。

熱量＝1個分189kcal

マンゴープリン

ナチュラルな甘みの
マンゴープリンは、
市販のものとは
一味違うおいしさです。

熱量＝1個分106kcal

作り方35ページ

豆腐のチョコレートババロワ

材料(容量90mlのプリン型5個分)
木綿豆腐　　150g
牛乳　　400ml
粉ゼラチン　　8g
はちみつ　　20g
黒糖　　45g
ココア　　45g

作り方
準備　豆腐は電子レンジで2分程度加熱してそのまま冷まし、水きりする。ゼラチンは水大さじ1でふやかす。

1. フードプロセッサーに水きりした豆腐を入れて混ぜる。
2. 牛乳を50℃程度に温め、ゼラチンを入れて、よく溶かす。
3. 1に2を加え、はちみつ、黒糖、ココアも加え、フードプロセッサーで豆腐の粒がなくなり、なめらかになるまでよく混ぜる。
4. 型に流し入れ、冷蔵庫で冷やし固める。

豆腐のキャラメルババロワ

材料
チョコレートババロワの黒糖とココアの代わりに、キャラメルクリーム75mlを入れる。

作り方
チョコレートババロワと同様。

キャラメルクリームの作り方

誰もが好きなキャラメル味。一度作って、清潔な瓶に入れて冷蔵庫に常備しませんか。1か月くらいは保存できるので、アイスクリームやパンケーキにかけたり、パンにぬったりして長く楽しめます。

材料
グラニュー糖　　200g
生クリーム(乳脂肪分45%以上のもの)
　200ml(室温に戻す)

作り方
1. グラニュー糖を鍋に入れ、中火にかけて色がついてくるまで加熱する。茶色くなってきたら、鍋を揺すって焦げつかないようにする。
2. プリンのカラメルソースより薄い色(紅茶の色くらい)で火から下ろし、へらで混ぜながら少しずつ生クリームを加え、手早く混ぜる。冷たいままの生クリームだとすぐにカラメルが固まってしまうので、必ず室温に戻した状態で混ぜる。

＊生クリームを加えるときに、はねることがあるので注意してください。

かぼちゃのプリン

材料(容量90mlのプリン型5個分)
豆乳　　　300ml
カラメル
　グラニュー糖　50g
　水　　　30ml
　追加の湯　20ml
かぼちゃ　150～200g
黒糖　　60g
卵　　　2個
卵黄　　1個分

作り方
準備　型に薄くバター(分量外)をぬる。卵と卵黄は合わせてほぐす。

1. カラメルを作る。鍋にグラニュー糖と分量の水を入れ、時々混ぜながら中火で加熱し、カラメル色になってきたら火から下ろし、追加の湯を入れて混ぜ、型に等分に流し入れる。
2. かぼちゃは、皮をむいて種を取り、2cm角程度に切って、耐熱皿にのせてラップフィルムをかけ、やわらかくなるまで電子レンジで加熱する。充分につぶしてボウルに入れる。
3. **2**に黒糖を加えて混ぜ、粗熱を取って、卵を加えて混ぜる。
4. 豆乳を50℃程度に温め、泡立て器で混ぜながら少しずつ**3**のボウルに加える。**1**の型に静かに流し入れる。
5. 150℃のオーブンで湯せんで25分程度焼く。目安は揺すって表面の中央が揺れるくらいに固まる程度。オーブンから出した後も余熱が入るので、焼きすぎないように。粗熱が取れたら冷蔵庫で冷やす。

＊カラメルに追加の湯を入れるときは、はねやすいので注意してください。
＊余った卵白は、数日なら冷蔵庫で、また長期なら冷凍で保存ができます。フィナンシエ(p.61参照)や、中華料理のえびの下ごしらえなどに使ってください。

マンゴープリン

材料(小型のココット型5個分)
豆乳　　　150ml
マンゴーピュレ　200g
砂糖　　50g
エバミルク　80ml
レモンのしぼり汁　小さじ1
粉ゼラチン　6g

作り方
準備　ゼラチンは水40mlでふやかす。

1. 鍋に豆乳と砂糖を入れ、中火で温めて砂糖を溶かす。
2. マンゴーピュレ、エバミルク、レモンのしぼり汁も加えて混ぜて、火を止める。
3. **2**にゼラチンを加え、ゴムべらでよく混ぜて溶かす。
4. 型に等分に流し入れて、粗熱が取れたら冷蔵庫で冷やし固める。

＊エバミルクは無糖練乳で、カロリーを抑えながらこくを出したいときに利用できます。缶詰で売られていますから、常備しておくと便利です。もしなければ、生クリームで代用してください。
＊微量の食用色素(オレンジ色)を加えて色をつけると、市販のマンゴープリンのような濃い色に仕上がります。
＊好みでミントの葉や生クリームを飾っても。

豆腐白玉入り白ごまのお汁粉

カルシウムが豊富なデザートです。白玉だんごに豆腐を入れることで、
しばらく時間がたってもやわらかさが持続します。

熱量＝1人分247kcal

作り方38ページ

エスニック風豆乳黒ごまゼリー

「黒い杏仁豆腐」をイメージして作りました。
豆乳と黒糖が、疲れた体にもほっこりとやさしい。
熱量＝1人分146kcal

豆腐白玉入り白ごまのお汁粉

材料(4人分程度)

汁粉
　豆乳　　　250㎖
　白練りごま　　大さじ2
　グラニュー糖　　40g

白玉だんご
　白玉粉　　100g
　豆腐　　　100g
　グラニュー糖　　20g

作り方

1. 汁粉を作る。鍋に豆乳50㎖と白練りごまを入れ、泡立て器などでよく混ぜて、かたまりがなくなるまで溶かす。なめらかになったら、残りの豆乳200㎖とグラニュー糖を入れ、中火にかけて混ぜながらよく溶かす。
2. 白玉だんごを作る。ボウルに白玉粉と豆腐(水きりはしない)とグラニュー糖20gを入れ、手でよく混ぜてなめらかになったら、直径1cm程度に丸める。
3. 鍋に湯を沸かし、2の白玉だんごをゆでる。浮き上がってきたら、すくい上げ、冷水にとる。
4. 器に1の汁粉を入れ、3の白玉だんごを浮かべる。

＊最後に白すりごまをふってもいいでしょう。

2 白玉粉と豆腐、グラニュー糖を混ぜて白玉だんごを作る。

エスニック風豆乳黒ごまゼリー

材料(4人分程度)

豆乳　　　350㎖
黒練りごま　　大さじ1
黒糖　　　50g
粉ゼラチン　　6g

ソース
　豆乳　　　50㎖
　ココナッツクリーム　　大さじ2
　グラニュー糖　　15g

くこの実(飾り用。水でもどす)　　適宜

作り方

準備　ゼラチンは水大さじ1でふやかす。

1. 鍋に豆乳350㎖と黒糖、黒練りごまを入れて中火にかけ、混ぜながら黒糖を溶かす。なめらかになったら火を止める。
2. ふやかしたゼラチンを1の鍋に加え、へらでよく混ぜて溶かし、容器に流し入れる。粗熱が取れたら冷蔵庫で冷やし固める。
3. 豆乳50㎖にココナッツクリームとグラニュー糖をよく溶かし、ソースを作る。
4. 器に2を大きなスプーンでとり、まわりに3のソースをかけ、くこの実を飾る。

＊ココナッツクリームは、ココナッツミルクより濃厚なクリームで、180㎖程度の紙パックで売られていることが多く、開けなければ常温で保管が可能です。少しの量で豊かなココナッツの風味が出るので、ココナッツミルクを大量に使うより、カロリーを抑えることができます。

豆腐、豆乳、おからの話

健康にいい食材、豆腐やおからは、どのようにできるのでしょう。純白のおからを見つけ、おからのお菓子を作るきっかけともなった豆腐店「豆富 にとう」さん（東京都世田谷区上野毛）で、豆腐、豆乳、おからの製造工程を見せていただきました。

1. 大豆を一晩水につけてやわらかくもどす。大豆の品種はフクユタカという佐賀県産の最高級のもので、他の品種に比べてたんぱく質と糖質が多く、豆腐の製造に最適とされる品種。豆の「目」が白く、おからも純白になる。豆の種類により、赤い目や黒い目のものもある。肥沃でない畑のほうが、いい大豆ができるそうだ。
2. 一晩たって3倍近くにふくらんだ大豆に水を加え、すりつぶして煮る。この時点で、もう豆の甘い香りが漂ってくる（特に新豆の場合）。
3. 機械にかけて絞り、液体（豆乳）と固体（おから）に分離する。
4. にがり（凝固剤）と混ぜて型に流し込んで成形したものが、絹ごし豆腐。
5. 豆乳をにがりで固め、一度くずしてから型に入れ、重しをのせて水分を減らしたものが、木綿豆腐。

絞りたての豆乳は信じられないほど味が濃く、甘くおいしいのです。いわゆる豆くささなど、ほとんど感じません。これに少々の塩、こしょう、オリーブオイルをたらせば、すてきなスープになることまちがいないと思うほどでした。これなら、お菓子作りにも牛乳に替えて充分使うことができます。

また、豆を絞ったあとに残るおからは、あまり利用されてきませんでしたが、植物繊維が豊富な健康食材です。おからのケーキやクッキーは前からいろいろ作っていましたが、工場を見学しながら、本にもご紹介したトリュフ(p.20)を思いつきました。

おからもいろいろあり、右端がさらさらの白いおから。左端のようにかなり水分が多いものは、電子レンジで軽く水分を飛ばしたほうがお菓子に使いやすい。

水を吸ってふくらんだ大豆。 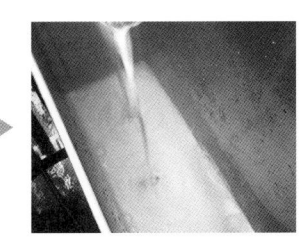　　液体（豆乳）と 　　　　　　　個体（おから）に分離する。

豆乳ににがりを入れて型に流し込み、固めたものが絹ごし豆腐。 　　圧力をかけて水分を減らしたものが木綿豆腐。 　　切り分けて製品に。

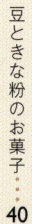

豆ときな粉の
お菓子

和菓子は、小豆などの豆やきな粉など、
豆素材のものがたくさんあります。
ですから、豆のデザートはとても自然な流れでできました。
お菓子作りには、市販の煮豆や甘納豆を使うと簡単です。
あんやアイスクリーム、洋酒漬けなど、いろいろ変身させました。

煮豆のモンブラン

市販のパイ生地やスポンジ、煮豆を利用して、簡単にできるように考えました。
ヨーグルトクリームは低カロリーで食感もさわやかです。

熱量＝1個分199kcal

作り方42ページ

材料(直径6.5cmのタルトレット型6個分)
パイ土台
　パイ生地(冷凍)　　1枚
　スポンジケーキ(またはカステラ。市販のもの。薄切り)
　　型の底面積の6個分
ヨーグルトクリーム
　生クリーム　　70ml
　グラニュー糖　　20g
　水きりヨーグルト(p.11参照)　　50g
豆クリーム
　煮豆(とら豆もしくは白福豆。市販のもの)
　　1パック(約200g)
　紫いも粉　　15g
　牛乳　　60～80ml
シロップ
　黒糖　　大さじ1
　ラム酒　　小さじ1
　水　　20ml

煮豆のモンブラン

作り方

準備　水きりヨーグルトを作る(p.11参照)。

1. 土台を作る。冷凍パイ生地は、室温で10分程度もどして、扱いやすいかたさになったら、打ち粉(分量外)をふった台の上で、軽くめん棒でのばす。6等分して型に敷き、フォークで穴を数か所あける。

2. 200℃のオーブンで10～12分、軽く焼き色がつくまで焼く。焼き上がったら、型からはずして冷ます。

3. ヨーグルトクリームを作る。生クリームを八分どおり泡立て、グラニュー糖と水きりヨーグルトを加え、しっかり泡立てた生クリームのかたさになるまで混ぜる。

4. 豆クリームを作る。紫いも粉は、水大さじ2を加えてしっとりした状態にし、粒が全くなくなるようによく混ぜる。フードプロセッサーに煮豆(飾り用の豆を6個とっておく)と、もどした紫いも粉と牛乳60mlを入れ、なめらかなクリーム状になるまでよく混ぜる。

5. シロップを作る。分量の水を煮立てて黒糖を溶かし、火を止めてラム酒を入れる。

6. **2**にスポンジケーキを入れ、シロップをかける。

7. その上に、**3**のヨーグルトクリームを山形に盛りつける。

8. その上に、**4**をモンブラン用の口金を使って、縦横に絞り出す。絞り出す前にボウルの上に少し絞り出してみて、スムーズに出てくるかどうか、クリームのかたさを確認する。もしかたいようであれば、少し牛乳を加えて調整する。

9. いちばん上に、とっておいた煮豆を飾る。

＊豆クリームは市販の煮豆の甘さを生かして、砂糖を加えていません。作りやすい分量で多めに作りました。

＊モンブラン用の口金がなければ、ポリ袋の一隅を細く切ってクリームを一本ずつ絞り出すか、山形にナイフではりつけるようにしてもすてきです。

1
土台に穴をあける。

2
冷ますときにスプーンなどで形を整えるときれいにできる。

3-1
生クリームの泡立てはこの程度でいい。

3-2
グラニュー糖と水きりヨーグルトを加えてよく混ぜる。

4
よく混ぜた紫いも粉と煮豆、牛乳を合わせてさらに混ぜる。

6
土台にスポンジケーキを入れてシロップをかける。

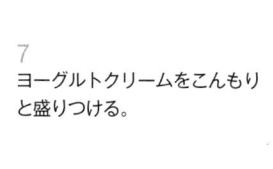

7
ヨーグルトクリームをこんもりと盛りつける。

8
豆クリームを絞り出す。

カラフル甘納豆のもっちりかん

製菓材料のアガーを使うと、
もっちりぷるぷるのゼリーが簡単にできます。
熱量＝1個分54kcal

作り方46ページ

ラム酒漬け大納言のクグロフケーキ

ラム酒の香りのきいた、ちょっぴり大人のケーキ。焼きたてよりも、
できれば数日間ラップフィルムに包んでおいてからいただくと、よりしっとりとした味わいが楽しめます。
熱量＝1人分（10等分）204kcal

作り方47ページ

カラフル甘納豆のもっちりかん

材料（直径7×高さ3.5cmの型5個分）
好みの甘納豆　　40g
アガー　10g
グラニュー糖　　30g
水　280mℓ

作り方
1. アガーとグラニュー糖は小さいボウルに入れて混ぜる。
2. 鍋に分量の水と**1**を入れて中火にかけ、混ぜながら溶かし、きれいに溶けたら、火から下ろす。
3. 器に甘納豆を彩りよく入れ、その上から**2**のアガー液を流し込む。
4. 室温で固まるが、食べる前に冷蔵庫で冷やす。

＊このままでいただいても、好みのソース（p.27豆乳ソース）か、黒みつ、白みつをかけてもおいしいです。
＊アガーとは、ガラギーナンという海藻抽出物から作られたもので、無色透明のきれいなゼリーができます。ゼラチンのぷるんとした食感と、寒天のような室温でも固まる利点を併せ持った、使いやすい素材です。製菓材料店で入手できます。とても固まりやすいので、水に入れるときにはあらかじめ砂糖と混ぜてから入れるようにしてください。
＊甘納豆の代りに市販の甘い煮豆を使うこともできます。

1　アガーは最初に必ず砂糖と混ぜ合わせる。

ラム酒漬け大納言のクグロフケーキ
材料(直径15cmのクグロフ型1台分)
大納言甘納豆　　60g
ラム酒　　適宜
バター　　100g
黒糖　　120g
卵　　2個
薄力粉　　120g
ベーキングパウダー　　2g(小さじ½)
あんずジャム　　適宜

作り方

準備　大納言甘納豆は、1日以上ひたひたのラム酒で漬ける。型に薄くバター(分量外)をぬって、粉(分量外)をはたき、余分な粉は落とす。バターは室温に戻す。

1　大きなボウルにバターと黒糖を入れ、ハンドミキサーで5分ほど、ふんわりとしたクリーム状になり、角が立つまで泡立てる。

2　卵をときほぐし、3回に分けて**1**のボウルに加えては泡立てることを繰り返す。

3　薄力粉とベーキングパウダーを合わせて、**2**のボウルにふるい入れる。水分をよくきったラム酒漬けの甘納豆を入れ、甘納豆のまわりに粉をまぶすようにする。ゴムべらで、ボウルのまわりから内側に回し込むように大きく混ぜる。粉っぽさがなくなり、つやが出るまで、よく混ぜる。

4　型に**3**の生地を入れ、最後にトントンと型を何回か落として中の空気を抜き、表面を平らに整える。

5　180℃のオーブンで、40〜45分かけて焼く。35分過ぎからは様子を見て、濃い焼き色がついていたら、オーブンから出す。竹串で刺して何もついてこなければ焼けている。

6　熱いうちに型から出して、冷ます。

7　あんずジャムを同量の水で溶き、はけで全体にぬる。

＊バターと黒糖を最初によく泡立てることで、仕上りがふんわりとなり、時間がたつとしっとりとした口当りになります。ぜひ、焼いて2、3日おいてから食べてみてください。

＊飾りにフォンダンという、砂糖と水あめを煮つめたもの(市販品があります)をとろりとかけるとすてきです。

準備
甘納豆のラム酒漬けはケーキにも使う。1か月以上保存できるので、常備しておくと、使いたいときにすぐ使えて便利。

黒豆みつ豆

塩ゆでの赤えんどう豆の豆かんも
おいしいですが、黒豆のみつ豆も、
とてもおいしいものです。
正月にたくさん黒豆を煮たら、
小分けにして
煮汁ごと冷凍保存しておくと、
こうしたデザートに使えます。

熱量＝1人分77kcal

白いんげんの
アイスミルク

市販の煮豆でもできる
簡単デザートです。

熱量＝1人分73kcal

作り方50ページ

青えんどう豆の茶巾絞り

青えんどう豆は、市販のゆでてある塩味のものを使うと手軽ですが、乾燥豆を煮ることから始めると、自分で甘さを調節できます。

熱量＝1個分（7等分）101kcal

作り方51ページ

黒豆みつ豆

材料(4人分程度)
黒豆の煮豆　　80g
粉寒天　　4g
砂糖　　20g
水　　600㎖
黒豆の煮汁(または好みのみつ)　　適宜

作り方
1. 鍋に分量の水と粉寒天、砂糖を入れ、弱火にかけて、よく煮溶かす。
2. 型を水で少しぬらし、**1**の寒天液を流し込んで固める。粗熱が取れたら冷蔵庫で冷やす。
3. 寒天を1cm角に切り、器に入れ、上から黒豆を散らし、黒豆の煮汁または好みのみつをかける。

＊寒天を最もおいしく食べるなら、天草を30分くらい煮出して布で絞り、流し型で冷やし固めて寒天を作るのがいちばん。少し手間はかかりますが、風味や口当りは格別です。天草を見かけたら、ぜひ一度試してみてください。

3
1cm角に切った寒天と黒豆を器に盛る。

白いんげんのアイスミルク

材料(4人分程度)
白いんげんの煮豆(市販のもの)　　100g
豆腐　　50g
砂糖　　10g
牛乳　　60㎖

作り方
1. 材料をすべてフードプロセッサーに入れ、よく混ぜる。
2. 容器に入れて、一度冷凍庫で凍らせる。
3. 固まったら容器から出し、2cm角程度に包丁で切って、再度フードプロセッサーで混ぜ、容器に入れて冷凍する。
4. 食べるときに、大きなスプーンですくって、器にきれいに盛りつける。

＊煮豆と豆腐を使って、簡単にヘルシーアイスができます。とら豆や他の色のついた豆を使うときは、砂糖の代わりに黒糖を使って。凍ったものを切るときは、包丁でけがをしないように気をつけてください。

1　材料をすべて合わせてフードプロセッサーにかける。

3-1
冷凍庫で凍らせた材料を2cm角くらいに切る。

3-2
フードプロセッサーにかけた後、再度凍らせる。

青えんどう豆の茶巾絞り

材料(約6〜8個分)
ゆでた青えんどう豆(市販の冷凍品でも)　150g程度
粉糖(または微粒グラニュー糖)　50g
コンデンスミルク　30g
抹茶　小さじ1
白あん　50g
牛乳　大さじ1〜2
かぼちゃ　4cm角2個程度
砂糖　小さじ1

作り方

1. 青えんどう豆、粉糖、コンデンスミルク、抹茶、白あん20gをフードプロセッサーでなめらかにする。手でまとめやすいかたさになるよう、牛乳を入れて濃度を調節する。一つが直径2.5cm程度の大きさになるように6〜8等分する。
2. 残りの白あんを、**1**と同じ数に分けて丸め、それを核にして**1**で包み込み、だんごを作る。
3. かぼちゃは耐熱皿にのせ、ラップフィルムをかけて、電子レンジでやわらかくなるまで加熱する。皮と種は取り除き、スプーンなどでつぶし、砂糖を加えて**1**と同じ数に丸める。
4. ラップフィルムに**2**をのせ、その上に**3**をのせ、口をきゅっと絞って形を整える。

＊かぼちゃは、生のものでも、冷凍のものでもどちらでもかいません。水分量が季節やかぼちゃの種類によってかなり異なるので、あまりやわらかすぎるようなら、電子レンジで水分を飛ばしてください。

4
ラップフィルムに包んできゅっと絞り、形作る。

きな粉と緑茶のスポンジとプリンの２層ケーキ

プリンとスポンジが一緒に焼き上がる、楽しいケーキです。
2種類の味を同時にお楽しみください。

熱量＝1人分（8等分）173kcal

作り方54ページ

きな粉とバナナのケーキ

きな粉がたっぷり入った、きな粉好きにはたまらないケーキです。
バナナの香りとナッツの香ばしさがきな粉に合い、どんなお茶にも合います。

熱量＝1人分（8等分）249kcal

きな粉と緑茶のスポンジとプリンの2層ケーキ

材料（21×8×高さ6cmのパウンド型1台分）

カラメル
   砂糖　　50g
   水　　大さじ1
   追加の熱湯　　大さじ2

プリン
   牛乳　　380mℓ
   砂糖　　50g
   卵　　3個
   バニラエッセンス　　適量

スポンジ
   きな粉　　6g
   緑茶（粉末）　　4g
   卵　　2個
   砂糖　　30g
   薄力粉　　35g
   ベーキングパウダー　　1g（小さじ¼）
   バター　　10g

作り方

準備　型にバター（分量外）を薄くぬる。バターは電子レンジで軽くとかす。

1. カラメルを作る。鍋に砂糖と分量の水を入れ、中火で濃いカラメル色になるまでときどき混ぜながら加熱する。かなり濃いめに色づいたら、火から下ろして追加の熱湯を入れ、鍋を回して混ぜ、固まらないうちに、型に流し込む。熱いカラメルがはねることがあるので注意する。

2. プリン生地を作る。鍋に牛乳と砂糖を入れ、砂糖が溶けるまで温める。

3. 大きなボウルに卵をときほぐし、**2**の牛乳を少しずつ加えながら混ぜる。こし器でこし、バニラエッセンスを加えて、**1**のカラメルの入った型にそっと流し込む。

4. スポンジ生地を作る。卵と砂糖を混ぜ、ハンドミキサーで白っぽくもったりとなるまで、3～4分かけてしっかり泡立てる。そこに薄力粉、緑茶、ベーキングパウダーときな粉を一緒にふるい入れ、へらで粉っぽさがなくなるまで混ぜ、バターも加えて、つやが出るまで混ぜる。

5. **3**のプリン生地の上に**4**の生地をそっと流し込む。170℃のオーブンで、湯せんで30～40分蒸焼きにする。冷めたら冷蔵庫で冷やす。

＊スポンジの加熱しすぎを防ぐには、焼きはじめてから25分くらいたったところでアルミフォイルで上をおおいます。ただし、扉を開けると急激にオーブンの温度が下がってしまうので手早く。オーブンの蒸気も熱くなっているので注意してください。

5　プリン生地の上にスポンジ生地をそっと流し込む。

きな粉とバナナのケーキ

材料(15×15cmのスクエア型1台分)
きな粉　　70g
バナナ(よく熟したもの)　　200g
バター　　70g
グラニュー糖　　90g
卵　　2個
薄力粉　　80g
ベーキングパウダー　　2g (小さじ½)
くるみ(いって軽く砕く)　　適宜
牛乳(生地の状態で必要に応じて)　　30～50㎖

作り方

準備　バターは室温に戻す。型にバター(分量外)をぬり、粉(分量外)をはたく。

1. 大きなボウルにバターとグラニュー糖を入れ、ハンドミキサーで3～4分、ふんわりと白いクリーム状になるまで泡立てる。
2. ときほぐした卵を3回に分けて加え、そのたびにハンドミキサーでよく混ぜる。
3. バナナの筋を取り、つぶしながら**2**に加え、軽くハンドミキサーで混ぜる。
4. きな粉、薄力粉、ベーキングパウダーを合わせて、**3**のボウルにふるい入れる。くるみも加え、ゴムべらでまわりから大きく混ぜ合わせ、つやが出るまで混ぜる。生地がかたいようなら、牛乳を少しずつ加えて、もったりとしたかたさになるように調節する。
5. 型に生地を流し入れ、トントンと軽く落として中の空気を抜き、生地をへらで型の四隅につける。
6. 180℃のオーブンで35～40分焼く。
7. 型から出して冷ます。すっかり冷めたら、ラップフィルムで包んで冷蔵庫で保存する。

＊数日おいていただくと、よりしっとりとなじんでおいしい。
＊カロリーが気になる場合は、バターの半量を水きりヨーグルト(p.11)に代えてください。
＊皮が黒くなるほど熟したバナナのほうが香り高くできます。厚めに切って、朝食にも。

4　きな粉、薄力粉、ベーキングパウダーを合わせてふるい入れる。

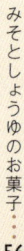

みそとしょうゆの
お菓子

みそは大豆や米、麦を発酵させて作ります。
しょうゆは、みそからできる醤（ひしお）が原型。
この日本の調味料を使うことで、デザートの幅がぐんと広がります。
和のテーストの洋菓子も、とても喜ばれるもの。
ほんの少し使うことで味が決まるので、
風味づけとして使用してください。
新しい、でもどこか懐かしいお菓子に出会えます。

白みそのマフィン

焼いているときから、ほんのりとみその香りがする、和風のマフィンです。
熱量＝1個分224kcal

作り方58ページ

白みそのマフィン

材料(マフィン型6個分)
白みそ　　大さじ2
バター　　60g
黒糖　　50g
卵　　1個
牛乳　　大さじ2
はちみつ　　大さじ½
薄力粉　　110g
ベーキングパウダー　　2g (小さじ½)
ナッツ(くるみなど)　　適宜

作り方

準備　バターは室温に戻す。ナッツは粗く刻む。型にバター(分量外)を薄くぬる。薄力粉とベーキングパウダーは合わせてふるう。

1. 大きなボウルにバターと黒糖を入れ、ハンドミキサーでクリーム状になるまでよく泡立てる。
2. 卵は小さい器にときほぐし、**1**に数回に分けて加える。加えるたびにハンドミキサーでよく混ぜる。
3. 白みそ、牛乳、はちみつを加えて、ハンドミキサーでよく混ぜる。
4. 粉類を3回に分けて**3**に加える。ゴムべらに持ち替え、加えるたびにさっくりと混ぜる。
5. 最後にナッツを加えてさっくりと混ぜ、型に均等に分け入れる。軽くトントンと落として、中の空気を抜く。170℃のオーブンで20分ほど、きれいな焼き色がつくまで焼く。
6. 熱いうちに型からはずして冷ます。

＊白みそは種類が多く、塩分が5%から10%くらいと、差があります。私は京都産の塩分5%程度のかなり甘いものを使っています。もし塩分が高めのものを使う場合は、加える量を減らして、調節してください。

2　ときほぐした卵を数回に分けて加える。

3　白みそを加え、牛乳とはちみつも加える。

5　ナッツを加えてさっくりと混ぜる。

6　焼き上がったら熱いうちに型からはずす。

みそを使ったデザート

ゆずみそアイスクリーム

材料(1人分)
ゆずみそ　小さじ⅓
バニラアイスクリーム(市販のもの)　100g
ゆずの皮　適宜

作り方
アイスクリームとゆずみそをスプーンなどでよく混ぜて、形よく盛りつける。
上に、ゆずの皮を細く切ったものを添える。

＊みそは塩分の少ないもののほうが、合わせやすいでしょう。少し入れただけで、やさしいみその存在を感じるはず。

マスカルポーネチーズの白みそクリーム

材料(1人分)
白みそ　小さじ⅓
マスカルポーネチーズ　大さじ2

作り方
マスカルポーネチーズに、白みそを加えてよく混ぜてクリームを作る。カステラやスポンジケーキなどに添えて。

＊マスカルポーネ以外にも、普通のクリームチーズや生クリームでもおいしく作ることができます。
＊チーズとみそは発酵食品どうし、相性がいいようです。

みそキャラメル味のラスク

材料(約5人分)
フランスパン　適宜
みそクリーム
　こしみそ　小さじ1
　キャラメル　6粒
　牛乳　小さじ2

作り方
1　フランスパンを薄く切り、オーブントースターで軽く焼く。

2　キャラメルを刻んで耐熱容器に牛乳と一緒に入れて、電子レンジで溶けるまで加熱し、みそも混ぜてみそクリームを作る。

3　1に2をぬり、電子レンジで30〜60秒加熱して乾かす。

みそバタークリームのレーズンウィッチ

ほのかにみその香りがして、コーヒーや紅茶、日本茶など、どんなお茶にも合います。
和風のすてきな箱に詰めて、プレゼントにもぜひどうぞ。

熱量＝1個分155kcal

作り方62ページ

しょうゆのフィナンシエ

焼いているとき、ぷーんとオーブンからしょうゆの香ばしさが漂ってきて、焼き上がるのが待ち遠しくなります。
ちょっぴり不思議なおいしさで、きっと人気者になることでしょう。

熱量＝1個分138kcal

作り方63ページ

みそバタークリームのレーズンウィッチ

材料(約14個分)

クッキー
- 薄力粉　120g
- ベーキングパウダー　1g (小さじ¼)
- ショートニング　25g
- バター　35g
- グラニュー糖　50g
- 卵　1個
- バニラオイル(なければバニラエッセンス)　4滴
- 強力粉(打ち粉用。なければ薄力粉でも)　適宜
- 卵黄　1個分

ラムレーズン
- レーズン　70g程度
- 砂糖　10g
- ラム酒　小さじ1
- 水　150ml

みそバタークリーム
- 白みそ　小さじ⅔
- バター　60g
- 粉糖　30g
- 卵白　1個分
- ラム酒(またはブランデー)　小さじ½

作り方

準備　バターはすべて室温に戻す。

1. クッキー生地を作る。薄力粉とベーキングパウダーを合わせて、大きなボウルにふるう。
2. 別のボウルにショートニング、バター、グラニュー糖を入れ、泡立て器でなるべく空気を含ませるように、クリーム状になるまでよく混ぜる。
3. 卵はときほぐし、3回に分けて**2**のボウルに加えては混ぜる。バニラオイルも加える。
4. **1**に**3**を入れ、ゴムべらで切るように混ぜる。全体が一つにまとまったら、厚さ2cm程度の長方形に成形してラップフィルムに包み、冷蔵庫で1時間以上ねかせる。
5. ラムレーズンを作る。鍋に分量の水と軽く洗ったレーズンと砂糖を入れて火にかけ、途中でラム酒を加え、水分がほぼなくなるまで煮含めて、冷ます。
6. みそバタークリームを作る。ボウルにバターと粉糖10gを入れ、泡立て器で真っ白になるまで混ぜる。みそも入れてよく混ぜる。別のボウルに卵白と粉糖20gを入れ、ハンドミキサーでぴんと角が立つまでかたく泡立てて、バターのボウルに3回に分けて加えては混ぜる。クリーム状になったら、最後に香りづけのラム酒を加えて、軽く混ぜる。
7. クッキーを焼く。作業台に打ち粉をふるい、めん棒にも打ち粉をして、冷やした生地を厚さ3mm程度に薄くのばす。3×4cm程度に包丁で切り、オーブンシートを敷いた天板にのせる。やわらかい生地なので、手にも打ち粉をつけながら手早く行なう。切れ端も集めて再成形する。上に卵黄を水大さじ1で溶いたものをはけでぬる。170℃のオーブンで15〜18分、きれいな焼き色がつくまで焼く。
8. クッキーを冷ましたら、裏面に**6**のクリームを小さじ2程度ずつ、山形になるようにのせ、その上にラムレーズンを10粒程度散らし、もう一枚のクッキーをかぶせて少し押して落ち着かせる。

※密閉容器に入れて冷蔵庫で1週間ほど保存ができ、できたても、少し時間がたったものもおいしくいただけます。生地がやわらかいので、涼しい時期に作ることをおすすめします。

6 バターと粉糖をよく混ぜてから白みそを加えてさらによく混ぜる。

8 クリームを山形にのせてレーズンをのせる。

しょうゆのフィナンシエ

材料（フィナンシエ型約8個分）
薄力粉　　　30g
アーモンドパウダー　　40g
卵白　　2個分
黒糖　　60g
はちみつ　　小さじ1
バター　　60g
しょうゆ　　小さじ1

作り方

準備　薄力粉とアーモンドパウダーを合わせてふるう。バターを電子レンジに30〜40秒かけて液状にとかす。型にバター（分量外）を薄くぬる。

1　大きいボウルに卵白を入れて、菜箸を使って泡立てないように、こしを切る。黒糖とはちみつを加えて混ぜる。

2　**1**に粉類を3回に分けて、だまにならないようにゴムべらで混ぜながら加える。バター、しょうゆも加えてよく混ぜる。

3　ラップフィルムをかけて1時間以上冷蔵庫でねかせる。

4　**3**の生地を混ぜ直して型に流し込み、180℃のオーブンで15〜18分、色づくまでしっかり焼く。オーブンから出したら、すぐに型からはずして冷ます。完全に冷めたら密閉容器で保管する。

＊1日以上おいて、生地がしっとりなじんでからいただくとよりおいしくいただけます。

＊フィナンシエは卵白だけを使うお菓子なので、余りがちな卵白を有効活用するのに重宝します。普通は、時間をかけてバターを焦がして色づけして作るのですが、このレシピはしょうゆの香ばしく焦げた香りを生かしたものなので、短時間でできます。

2　すべての材料を合わせた生地にしょうゆを加える。

しょうゆのクッキー

しょうゆの味がほのかにするさくさくのこのクッキーは、私の大好きなお菓子の一つ。
あとを引くので困ってしまいます……。

熱量＝1個分18kcal

しょうゆの焼きプリン

カラメルソースにしょうゆを入れたレシピです。
プリン生地にも少量のしょうゆを入れました。
少しでもかなり強い風味が出て、みそやしょうゆの強さを改めて感じます。

熱量＝1個分（6等分）125kcal

作り方66ページ

しょうゆのクッキー

材料（3.5×2cmのクッキー約48個分）
バター　　50g
黒糖　　　30g
はちみつ　小さじ½
しょうゆ　小さじ1
薄力粉　　100g

作り方
準備　バターは室温に戻す。

1. バターに黒糖を加え、泡立て器でふんわりとなるように混ぜる。
2. はちみつとしょうゆを加えて、さらに混ぜる。
3. 薄力粉はふるい、2に一気に入れてさっくりと混ぜる。かたすぎて一つにまとまらないときは、ごく少量の牛乳（分量外）を加えてもいい。生地をこねすぎないように、ぎゅっとひとまとめにして、ラップフィルムに包んで7×12×厚さ2cm程度の長方形にきれいに成形する。パレットナイフなどで、なるべく角まできれいに成形し、冷蔵庫で1時間以上ねかせる。
4. 3の生地をよく切れるナイフで幅5mm程度に切り、さらに半分に切る。カット前に少し冷凍庫に入れておくと、切り口がきれいになる。170℃のオーブンで15〜18分焼く。完全に冷めてから、密閉容器で保存する。

＊クッキー生地は作りおきができるので、少し多めに作って分けてラップフィルムで包んで冷凍しておくと、あとは好きなときに焼くことができます。

3　きれいな四角形に成形する。写真はスケッパーで形を整えている。

4　3.5×2×0.5cmの長方形にナイフで切る。

しょうゆの焼きプリン

材料（約5〜6個分）
カラメル
　しょうゆ　　大さじ2
　黒糖　　　　20g
　みりん　　　小さじ2
　水　　　　　小さじ2
　追加の湯　　大さじ1
卵　　2個
グラニュー糖　　70g
牛乳　　270ml
しょうゆ　　小さじ⅓
バニラエッセンス　　3滴

作り方
準備　型にバター（分量外）を薄くぬる。

1. カラメルを作る。鍋にしょうゆを入れて中火にかけ、香ばしい焦げた香りがたってきたら火から下ろす。黒糖、みりん、分量の水を加え、再度強めの中火にかけて煮つめる。出てくる泡が小さくなってきたら火から下ろし、追加の湯を加え、へらでかき混ぜてのばし、型に入れる（水や湯を加えるときに、はねることがあるので注意）。
2. 別の鍋に、とき卵、グラニュー糖、牛乳を入れ、混ぜながら中火で温める。砂糖が溶けたら、火を止め、しょうゆとバニラエッセンスを加えて混ぜ、こし器かざるでこす。
3. 1の型に2を流し入れ、150℃のオーブンで天板に深さ1cm程度に湯を張って、25〜30分蒸焼きにする。
4. 粗熱を取り、冷蔵庫で冷やす。

＊カロリーを気にしなくてよければ、牛乳の半量を生クリームに替えると、さらに濃厚でおいしい味が楽しめます。

1　焦げつく寸前、香ばしい香りが出たところで火から下ろす。

しょうゆのお手軽おやつ

簡単みたらしだんご

材料(2人分)
すいとん粉(または薄力粉)　100g
水　75〜85mℓ
しょうゆ　小さじ1〜2
砂糖　小さじ2
水溶き片栗粉(片栗粉小さじ1½を水小さじ2で溶く)

作り方

1. ボウルにすいとん粉と分量の水を入れ、菜箸でよく練る。
2. 鍋に七分目程度に湯を沸かし、やや大きめのスプーンをぬらして**1**をすくい、スプーンごと湯の中に入れて生地を放す。だんごが浮いてくるまで中火でゆでる。
3. だんごがすべて浮いてきたら、鍋のふたでだんごを押さえながら、湯を少し残してあとは捨てる。
4. 鍋を再度中火にかけ、しょうゆ、砂糖を入れて煮立て、水溶き片栗粉でとろみをつけ、だんごにからめる。

＊このみたらしだんごは、私と妹が小さいときに、よく母に作ってもらった思い出の味。今でも大好きで、よく作ります。生地は少しやわらかめと感じるくらいで大丈夫。簡単なので、ぜひぜひ作ってみてください！

野菜のお菓子

大地の力をたっぷりと蓄えた野菜。
季節ごとに様々な種類が店先に並びます。
これもヘルシーなデザートを作るには欠かすことができません。
それぞれの野菜が持つ風味を生かしながら、
どんな人にも喜んでもらえるようなレシピを目指しました。
きれい！　おいしい！　また食べたい！
そう言ってもらえること請合いです

ジンジャーシフォンケーキ

緑茶や中国茶、コーヒーや紅茶など、どんなお茶にも合います。
ヘルシークリーム(p.11)や豆腐クリーム(p.26)を添えてどうぞ。
熱量＝1人分(8等分) 163kcal

熱量＝1人分(8等分) 232kcal

甘煮しょうがのパウンドケーキ

みんなに喜ばれるふんわりしっとりのパウンドケーキ。
卵をしっかり泡立てるのがこつです。

作り方70〜71ページ

ジンジャーシフォンケーキ

材料(直径17cmのシフォン型1台分)
しょうが　　25g
水　　適宜(しょうがのしぼり汁と合わせて50mlにする)
卵　　3個
グラニュー糖　　85g
サラダ油　　50ml
薄力粉　　70g
ベーキングパウダー　　3g (小さじ¾)
コーンスターチ　　5g

作り方
準備　しょうがは皮ごとすりおろし、しぼり汁と水を合わせて50mlにする。卵は卵黄と卵白に分けて、それぞれ大きなボウルに入れる。

1　卵黄のボウルにグラニュー糖50gを加えて、泡立て器でよく混ぜる。
2　1にサラダ油、しょうがのしぼり汁と水を合わせたものを加えて、軽く混ぜる。
3　薄力粉とベーキングパウダーは合わせてふるい、2のボウルに加えて泡立て器で軽く混ぜる。
4　卵白のボウルに残りのグラニュー糖35gのおよそ半量を入れ、ハンドミキサーで初めは低速で、すぐに高速に切り替え、途中で残りのグラニュー糖とコーンスターチも加え、しっかりと角がぴんと立つまで、よく泡立てる。
5　4の⅓量を3に加え、泡立て器でよく混ぜ、生地がなめらかに混ざったら、4のボウルに戻し入れる。
6　ゴムべらでつやが少し出るまでむらなく混ぜる。
7　型(油などはぬらない)に6を何回かに分けて入れ、表面をへらで平らにならす。トントンと型を軽く落とし、中の空気を抜く。
8　170℃のオーブンで約35分、盛り上がってできた割れ目にもきれいな焼き色がつくまで焼く。途中でオーブンの扉を開けると温度が下がってふくらみが悪くなるので、開けないように注意する。
9　オーブンから出したら、すぐに下に器などを置いて逆さにして、粗熱を取る。完全に冷めたらナイフを生地の側面に差し込んで、ていねいに一周させ、型の中央にもナイフを刺して型からはずし、最後に底板との間にもナイフを入れて、型からはずす。

＊ふわふわで、しかもしっとりと仕上がるのは、卵白のしっかりした泡立てと、その後の混ぜ方、コーンスターチの働きです。しょうがの量はこのくらいたっぷり入るのが私は好きですが、どうぞお好みで調節してください。

2
卵黄にサラダ油、しょうがのしぼり汁と水を合わせたものを加える。

4
メレンゲは写真のような角が立つまでしっかり泡立てる。

9-1
逆さに置くのは、ふくらんだ生地が沈まないようにするため。

9-2
先の細いナイフを差し込んで型からはずす。

甘煮しょうがのパウンドケーキ

材料(7×18×高さ6cmのパウンド型1台分)
甘煮しょうが　　10g
卵　　2個
黒糖　　110g
バター　　100g
薄力粉　　120g
けしの実(あれば)　　適宜

作り方

準備 型に薄くバター(分量外)をぬって、軽く粉(分量外)をはたく。バターは1cm程度の厚さに切って耐熱容器に入れ、電子レンジで50秒ほど加熱してとかす。

1. 大きなボウルに卵を入れ、黒糖の半量を加えて、ハンドミキサーの高速でよく泡立てる。残りの黒糖も加えながら、白っぽくもったりとしたクリーム状になり、ミキサーの跡が見えるようになるまで、5分程度かけて泡立てる。
2. バターを加えて軽く混ぜ、薄力粉を一度にふるい入れて、ゴムべらで混ぜる。水気をきった甘煮しょうがを加え、ゴムべらでつやが出るまで混ぜる。
3. 型に**2**を流し込み、トントンと落として中の空気を抜き、両端を高く、中央を低く、へらで整える。型の四隅にしっかり生地をつけるように。あれば、上にけしの実をふりかける。
4. 180℃のオーブンで40〜45分焼く。中央の割れ目の間にも焼き色がつく程度にする。
5. 焼き上がったら、型から出して冷まし、完全に冷めてから、ラップフィルムに包んで冷蔵庫で保存する。

＊焼きたてよりも、数日保存してからのほうが、しっとりとバターがなじんでおいしくなります。

＊このケーキも、卵をしっかり泡立てることで、しっとりふんわりとした口当たりのいいパウンドケーキに仕上がります。少しの手間が、ケーキのかなりのレベルアップにつながりますので、少し時間をかけて卵を泡立ててください。

甘煮しょうがの作り方

材料
しょうが(皮のついた状態で)　　40g
黒糖　　20g

作り方

1. しょうがはよく洗い、黒くなっていたり、かたくなっているようなところを取り除き、皮はむかずに3mm角に切り、水にさらす。
2. 鍋にしょうがと、かぶるほどの水を入れて一煮立ちさせ、湯を捨てる。再度ひたひたの水と黒糖を入れて、あくを取りながら、しょうがが少しやわらかくなるまで煮る。

＊冷蔵庫で2週間程度は保存できます。

＊しょうがを煮たときの煮汁、つまりジンジャーシロップもいろいろな用途に使えます。その場合は、少し多めに作りましょう。しょうがの薄切り100gをゆでこぼし、黒糖100g、水200mlを加えて上の甘煮同様、20〜30分コトコト煮てください。しょうがごと熱湯消毒した密閉瓶に入れて冷蔵庫で保管すれば、夏はシロップを炭酸で割って自家製ジンジャーエール、冬はしょうがを紅茶に入れてジンジャーティーと楽しめます。

1 しょうがの皮は全部むく必要はない。

2 水分がほとんどなくなるまで煮る。

しょうがは薄切りで作っておけば、後で用途に応じて角切りやせん切りにして、パウンドケーキやタルト(p.72)に使うことができる。

ジンジャー風味のカスタードタルト

体を温める効果が高いしょうがのカスタードクリームを入れました。
4層構造がきれいな、おいしいタルトです。

熱量＝1人分（8等分）257kcal

作り方74ページ

ジンジャースフレ

あつあつデザートの代表選手のスフレ。
でも、焼き上がると本当にすぐにしぼんでしまいます。
とにかく焼き上がると同時にいただけるように、テーブルも準備しておきましょう。
食事の後でも、このスフレならさっぱりといただけるので、とても喜ばれます。

熱量＝1個分131kcal

作り方75ページ

ジンジャー風味のカスタードタルト

材料(直径18cmのタルト型1台分)

タルト生地
- おから　　70g
- 薄力粉　　70g
- ショートニング　　30g
- グラニュー糖　　20g
- 卵白　　1個分

ジンジャーカスタードクリーム
- しょうが　　15g
- 卵　　1個
- 牛乳　　200mℓ
- 黒糖　　50g
- 薄力粉　　15g
- バニラエッセンス　　3滴

ヘルシークリーム
- 生クリーム　　100mℓ程度
- グラニュー糖　　15g
- 水きりヨーグルト(p.11参照)　　50g
- チョコレートクッキー(オレオなど)　　5個
- 甘煮しょうが(p.71参照)　　適宜

作り方

準備　クッキーは細かく砕いて、シロップまたは洋酒(分量外)をかけておく。しょうがは皮ごとすりおろして、しぼり汁をとる。型にバター(分量外)をぬる。薄力粉はふるい、15gは黒糖と一緒にして混ぜる。水きりヨーグルトを作る(p.11参照)。

1. タルト生地を作り(p.14ベリーのタルトの**1**、**2**参照)、型に敷きつめたらフォークで穴をあける。オーブンシートを上に置き、生地のふくらみを防ぐために、重しのタルトストーン(小豆でも)をのせて、200℃のオーブンで10分焼く。一度取り出して重しを取り、再度200℃で5分焼き上げる。

2. ジンジャーカスタードクリームを作る。耐熱容器に卵をときほぐし、牛乳、混ぜておいた黒糖と薄力粉を加えて混ぜ、ラップフィルムをかけて電子レンジで2分程度加熱する。一度出してかき混ぜ、さらにもう一度1分ほど加熱する。しょうがのしぼり汁とバニラエッセンスを加えて、よく混ぜてから冷ます。

3. ヘルシークリームを作る。生クリームにグラニュー糖を加えて八分立てにし、水きりヨーグルトと合わせて混ぜる。

4. **1**で焼いたタルト台にしとらせたクッキーを敷き、**2**をのせる。その上に**3**のヘルシークリームをのせ、上をナイフできれいにならし、飾りにせん切りの甘煮しょうがを散らす。

＊タルト生地は冷凍保存できるので、多めに作ってラップフィルムで包んで冷凍しておくと、解凍してすぐにパイ型に敷いて焼くところからできるので、とても便利です。

2 加熱後もったりとなったジンジャーカスタードクリーム。

ジンジャースフレ

材料(直径8cmのスフレ型2個分)
しょうがのしぼり汁　　数滴
卵　　1個
グラニュー糖　　30g
牛乳　　45ml
薄力粉　　10g
ブランデー　　数滴

作り方

準備　卵は卵黄と卵白に分ける。牛乳は40℃程度に電子レンジで温める。

1　卵黄とグラニュー糖20gをボウルに入れ、とろりとしてくるまで泡立て器でよく混ぜる。

2　しょうがのしぼり汁をたらし、温めた牛乳も加えてよく混ぜる。

3　薄力粉をふるい入れ、さらに泡立て器でよく混ぜる。ブランデーを混ぜる。

4　別のボウルに卵白と残りのグラニュー糖を入れ、ハンドミキサーを徐々に高速にしながら、角が立つまでしっかり泡立てる。メレンゲの1/3量を**3**に加えて、ゴムべらでなめらかになるようによく混ぜる。残りのメレンゲを加えて、泡をつぶさないようにさっくりと混ぜる。

5　型(バターなどぬらない)に**4**の生地をいっぱいに入れて、上をナイフで平らにする。スフレがまっすぐ上にふくらんで立ち上がるように、型の縁のところを指で押しながらぐるりと一周、溝をつける。

6　天板に湯を1cm程度張った180℃のオーブンで17分、色づいて充分にふくらむまで焼き上げる。

7　オーブンから出したら、すぐにいただく。

＊でき上がりに粉糖をふってもきれいです。

5　生地を入れたら型の内側に指で溝をつける。

玉ねぎとドライトマトのケーキ

玉ねぎの甘みとドライトマトの塩味がからみ合い、おやつや軽食にも、そしてお酒にも合うケーキです。
おなかにやさしいおからを入れ、バターを極力減らしたレシピにしました。
ナツメッグは多すぎると思うくらいでいいので、多めにふってください。
ワインやチーズと一緒にどうぞ。

熱量＝1人分（8等分）182kcal

作り方78ページ

パンプキンパイ

子どものおやつにも、女性どうしの集まりの持ち寄りにも喜ばれる素朴な甘みのパイ。
冷凍のかぼちゃでも作れます。

熱量＝1人分（8等分） 200kcal

作り方79ページ

玉ねぎとドライトマトのケーキ

材料(3.5×23×高さ6cmのパウンド型1台分)
玉ねぎ　　100g
ドライトマト　　5枚
バター　　80g
黒糖(粒子の細かいもの)　　60g
卵　2個
水きりヨーグルト(p.11参照)　　20g
薄力粉　　60g
ベーキングパウダー　　1g (小さじ¼)
おから　　80g
ナツメッグ　　適宜

作り方

準備　型にオーブンシートを敷いて何か所かバター(分量外)でとめる。バターは室温に戻す。卵はときほぐす。ドライトマトはぬるま湯につけて塩抜きしてもどし、細切りにする。水きりヨーグルトを作る(p.11参照)。

1. 玉ねぎは繊維にそって薄切りにし、フライパンでごく少量のバター(分量外)で焦げないように炒める。フッ素樹脂加工のフライパンなら、バターは不要。

2. 大きなボウルにバターと黒糖を入れ、ハンドミキサーのスイッチを入れない状態で、よくすり混ぜてから、スイッチを入れ、高速でクリーム状になるまでよく泡立てる。

3. とき卵を2、3回に分けて加える。加えるたびに高速で30秒ほど泡立て、ふっくらしたクリーム状にする。水きりヨーグルトも入れて混ぜる。

4. 薄力粉とベーキングパウダーを合わせてふるい、**3**に加え、ゴムべらでつやが出るまでよく混ぜる。

5. おから、ナツメッグを加えて混ぜる。玉ねぎとドライトマトも加えて混ぜる。

6. 型に生地を入れて軽くトントンと落として、中の空気を抜く。両端を少し高く、中心を少しへこませるような形に整え、四隅を型に張りつける。

7. 180℃のオーブンで30〜35分、焼き色がしっかりつくまで焼き上げる。

8. 焼き上がったら、すぐに型から出して冷ます。完全に冷めてから、ラップフィルムなどで密閉し、冷蔵庫で保存する。

＊ここでは細身のパウンド型を使ったので、出しやすさを考えてオーブンシートを使いましたが、普通のパウンド型ならバターをぬる方法でも可能です。その場合、焼き時間は40〜45分かけてください。

1　玉ねぎは焦がさないように炒めて甘みを引き出す。

パンプキンパイ

材料（直径18cmのタルト型1台分）

タルト生地
　おから　　　　　70g
　薄力粉（ふるう）　70g
　ショートニング　　30g
　グラニュー糖　　　20g
　卵白　　　　　　1個分

フィリング
　かぼちゃ　　　300g（¼個程度）
　牛乳　　　　　100ml
　黒糖　　　　　50g
　卵　　　　　　3個
　シナモン、ナツメッグ　各適宜
　薄力粉　　　　30g

作り方

準備　型にバター（分量外）をぬる。

1. タルト台を作る（p.14ベリーのタルトの**1**参照）。

2. タルト生地を休ませている間にフィリングを作る。かぼちゃは種とわた、皮の変色した部分だけを取り除き、電子レンジで加熱し、切りやすくする。少し冷めたら、3cm角程度に皮ごと切り分け、耐熱容器に入れてラップフィルムでおおい、電子レンジでやわらかくなるまで加熱する。

3. 大きなボウルにかぼちゃを入れて、皮ごとつぶす。つぶつぶがほぼがなくなったら、牛乳、黒糖、とき卵、シナモン、ナツメッグを入れ、薄力粉をふるい入れ、ハンドミキサーの中速でなめらかになるまでよく混ぜ合わせる。

4. タルト生地を型に敷き（p.14ベリーのタルトの**2**参照）、**3**のフィリングを流し込み、170℃のオーブンできれいな焼き色がつくまで40〜45分で焼き上げる。

5. 粗熱が取れたら冷蔵庫で冷やす。

＊かぼちゃは皮ごと使って、栄養をむだなくとりましょう。牛乳は豆乳に替えることもできます。シナモンとナツメッグは少し多いかなと思うくらい入れてください。

3　かぼちゃは熱いうちによくつぶす。

にんじんプリン

なぜかにんじん嫌いの子どもが多いのは、大人がおいしいにんじんを食べさせていないから？と思ってしまいます。
最近は芯まで真っ赤で、とても甘みの強い、おいしいにんじんが増えてきました。
千葉の「渡辺さんちの野菜たち」から、私はよく元気なおいしいにんじんを送っていただきます。
でも、このプリンのレシピなら、どんなにんじんもおいしくいただけます。
皮のすぐ下に栄養があるので、皮ごと使ったレシピにしました。
にんじんがたくさん入っていることは、あまり気づかれません。

熱量＝1人分（6個分）174kcal

材料（容量90mlのプリン型5〜6個分）
にんじん　　250g（1本程度）
バター　　25g
塩　　ひとつまみ
カラメル
　グラニュー糖　　50g
　水　　30ml
　追加の湯　　20ml
牛乳　　250ml
黒糖　　60g
卵　　2個
バニラオイル　　3滴

作り方
準備　型の内側にバター（分量外）を薄くぬる。

1. にんじんをよく洗い、黒いところがあれば取り、皮ごと薄切りにする。鍋ににんじんとバターを入れ、軽く炒めてから、ひたひたの水と塩を加え、ふたをして蒸煮にする。にんじんがやわらかくなり、ほぼ水分がなくなったら、フードプロセッサーでなめらかなピュレにする。
2. カラメルを作る。鍋にグラニュー糖と水30mlを入れて中火で加熱し、濃いカラメル色に色づいたら火から下ろし、追加の湯20mlを入れる（はねることがあるので注意）。様子を見ながら少し煮つめ、型に等分に流し込む。
3. 鍋に**1**と牛乳、黒糖を入れて中火にかけ、黒糖が完全に溶けたら火を止めて、ときほぐした卵を混ぜながら少しずつ加える。バニラオイルを加えてよく混ぜて、裏ごしをする。
4. **3**を型に流し込み、天板に湯を1cm程度張った160℃のオーブンで20分程度、蒸焼きにする。
5. オーブンから出し、粗熱が取れたら、冷蔵庫で冷やす。

さつまいもとりんごのミルフイユ

さつまいもとりんごで、こんなおしゃれで、しかも簡単なデザートができます。
オーブンシートの上に煮るときから形作り、そのまま取り出せるので、めんどうな手間がありません。
熱量＝全量364kcal

材料（作りやすい量）
さつまいも　　1個
りんご　　½個
グラニュー糖　　15g
レモンのしぼり汁　　½個分

作り方

1. さつまいもはよく洗い、皮をむかずに長さ6cm、厚さ3mm程度に切る。りんごもよく洗って芯を取り、皮はむかずに厚さ4mm程度に縦に切る。

2. 鍋に少量の水を入れ、鍋の直径の倍の長さにオーブンシートを敷く。その上にさつまいもとりんごを交互に、皮が見えるほうをそろえて6層程度に積み重ねる。3層くらい重ねたらグラニュー糖の半量をふり、最後に残りのグラニュー糖をふる。深さ2cm程度になるように水を足し、レモンのしぼり汁も加える。オーブンシートを、りんごとさつまいもをおおうように重ね、ミルフイユが動かないように中火でコトコト煮込む。

3. 上のほうのさつまいもがやわらかくなったら火から下ろし、粗熱を取る。冷蔵庫で冷やす。

4. 器に盛り、煮汁をかける。

＊さつまいもとりんごを積み重ねるときに、間にシナモンをふりながら重ねていってもおいしいです。
＊好みで少量のホイップクリームとシナモンをのせても（これはカロリーに含めていません）。

ごぼうのオランジェット

本来のオランジェットは、オレンジピールにチョコレートをからめて作りますが、ごぼうはココアととても相性がいいので、同じように作ってみました。
これは何でできているの？とよくきかれます。
小さめのすてきな缶にこれを詰めたら、すてきなプレゼントになりそうです。

熱量＝全量（30本）439kcal

材料（作りやすい量）
ごぼう　　30cm程度（100g程度）
黒糖　　30g
ラム酒（またはブランデー）　　適宜
ブラックチョコレート　　50〜70g

作り方

1. ごぼうは長さ6cm程度に切りそろえ、太いところは⅛、細いところは⅙または¼の太さに切り、水につける。
2. 鍋にごぼうとひたひたの水を入れ、黒糖とラム酒も加えて、弱めの中火でコトコトと、ごぼうがやわらかくなるまで煮る。
3. 煮えたら水分をきる。
4. チョコレートは細かく包丁で刻み、ボウルに入れ、湯せんまたはIH調理器の最低温度でとかす。
5. ごぼうは持つところを1cm程度残し、チョコレートをからめて、オーブンシートの上に置いて乾かす。
6. チョコレートがすっかり乾いたら、容器に入れ、冷蔵庫で保存する。

＊作りたてほどきれいです。ごぼうが徐々に乾燥していくので、長い保存には向きません。翌々日には食べきるようにしてください。

ごぼうのカフェモカケーキ

ティータイムにももちろんいいのですが、私のおすすめは、
食後にブランデーや甘い食後酒と一緒にいただくこと。
焼いてから少し日にちがたったほうがしっとりなじんでさらにおいしくなります。
八百屋さんでごぼうを見ると、まずこのケーキのことを思い出します。

熱量＝ミニパウンド型1個分332kcal

材料（3×9×高さ4cmのミニパウンド型6個分。
　　　または7×18×高さ6cmのパウンド型1台分）
ごぼう　　　50g程度
黒糖　　　125g
インスタントコーヒー　　小さじ3
バター　　　110g
卵　　2個
薄力粉　　110g
ベーキングパウダー　　1g（小さじ¼）
ココア　　10g
コーヒーリキュール　　適宜

作り方
準備　バターは室温に戻す。型にバター（分量外）を薄くぬり、
　　　粉（分量外）をはたく。インスタントコーヒー小さじ2を水
　　　大さじ1で溶かす。
1　ごぼうはたわしでよく洗い、5mm程度のあられ切りにし、
　　水につける。
2　鍋に水気をきったごぼうと、ひたひたの水を入れ、黒糖15gと残りのインスタントコーヒー小さじ1も加えて、弱めの中火でコトコトと煮る。多少歯ごたえが残る程度まで煮えたら、ごぼうをざるにあけ、水気をきる。
3　大きなボウルに、バターと黒糖110gを入れ、ハンドミキサーでクリーム状になるようによく混ぜる。
4　卵を3回に分けて加え、そのたびによく混ぜる。準備したコーヒー液も加えて混ぜる。
5　薄力粉とベーキングパウダー、ココアを合わせて**4**のボウルにふるい入れ、上に**2**のごぼうを加え、ゴムべらで全体をボウルの外側から内側に向かって、つやが出るまでよく混ぜる。
6　型に生地を流し込み、軽くトントンと落として中の空気を抜き、生地を型の中央を低く、外側を高くなるように整える。型の四隅に生地をはりつける。
7　180℃のオーブンで、小さいパウンド型なら20〜25分、大きな型なら40〜45分で焼き上げる。型からはずし、粗熱を取る。
8　コーヒーリキュールをはけでぬってさらに冷ます。ラップフィルムで包んで保存する。

トマトと赤ワインのコンポート

和食、洋食、中華、どんな料理にも合うデザートです。
いつもお客さまに大好評。器ごとよく冷やしてどうぞ。
熱量＝1人分（5等分）56kcal

材料（作りやすい量）
トマト　　小5〜6個
赤ワイン　大さじ1〜2
グラニュー糖　40g
水　　　　150ml

作り方

1. トマトのおしりのほうに小さい十字の切込みを入れ、熱湯を沸かした鍋に10秒ほど入れて取り出すと、皮がつるんとむける。身を傷つけないように、ていねいにへたを取る。
2. 鍋に分量の水、赤ワイン、グラニュー糖を入れて中火にかけ、沸騰したら軽く混ぜて、**1**のトマトを入れて1分加熱し、すぐ火を止め、そのまま冷ます。
3. 冷蔵庫でよく冷やし、シロップをたっぷり張って一緒にいただく。

＊トマトに火をあまり通さずに熱いシロップにつけることで、色がきれいに残り、味もしみ込みます。
＊小ぶりのトマトを見つけたら作ってみてください。皮の湯むきが少し大変ですが、ミニトマトで作ってもかわいいです。
＊数日は冷蔵庫で保管できるので、多めに作るといいでしょう。

野菜のお菓子

トマトのグラニテ

コンポート同様、トマトの簡単なデザートです。
真っ赤に熟したトマトを洗ってへたを取り、丸のまま冷凍庫に入れたら準備完了！　大地の甘みを感じるデザートです。
熱量＝1人分29kcal

材料(2人分)
トマト　　1個
砂糖　　小さじ2
洋酒(ブランデーなど。香りづけ用)　　小さじ½

作り方
準備　トマトは洗って、へたを取り、冷凍庫で凍らせる。
1. 完全に凍ったトマトに少し湯をかけて、皮をむき、2cm角程度に切る。
2. 砂糖を湯小さじ1で溶かしたシロップ、トマト、洋酒を、ミキサーかフードプロセッサーに入れ、徐々に混ぜていく。少しトマトの形が残る程度で止める。
3. 透明なグラスに盛りつけて、いただく。

＊ミキサーで混ぜるときに一気に高速にするとすぐにどろどろになりがちなので、少しずつ調節しながら攪拌してください。やわらかくなりすぎたら、再度容器に入れて冷凍庫で冷やし固めたものを、スプーンなどで削り取って盛りつけます。

赤いパプリカのパンナコッタ

赤いパプリカのカロテン豊富なレシピです。
パプリカやピーマンの青くささなど、全く感じません。
食べる人数がわからない場合や各自の食べたい量が違う場合は、
大きな容器で作り、いただくときに大きなスプーンで各自取り分けてもいいでしょう。

熱量＝1人分（4等分）181kcal

材料（3〜4人分）
赤パプリカ　　1個
牛乳　　200mℓ
生クリーム　　100mℓ
砂糖　　15g
はちみつ　　小さじ1
粉ゼラチン　　5g
バニラエッセンス　　4滴

作り方
準備　ゼラチンは水大さじ1でふやかす。

1 パプリカは、長めのフォークに刺し、ガスの火でまわりを黒く焦げるまで回しながら焼く。または、220℃に温めたオーブンに入れて、途中で上下を返しながら、まわりが真っ黒に焦げるまで焼く。水につけて、まわりの焦げた皮とへた、種を取り除き、一口大に切る。
2 牛乳と1のパプリカをミキサーかフードプロセッサーに入れて、なめらかにする。
3 鍋に生クリームと砂糖、はちみつを入れて中火にかけ、砂糖が溶けたらゼラチンを加えて、バニラエッセンスも加え、よく混ぜて溶かす。
4 2と3を合わせてよく混ぜて、容器に入れて冷やし固める。

＊パプリカは焼くことで、ますます甘みが増してきます。真っ黒に皮が焦げても、きれいにむけてしまうので大丈夫。むしろ焦げていないところは皮がむきにくいので、しっかり焦がしてください。
（写真で下のほうが赤いのは器の色です）

きゅうりとキーウィフルーツのゼリー

キーウィフルーツとレモンの香りを感じながら食べていると、後からきゅうりの香りがやってくるような、不思議な、でもさっぱりといただけるゼリーです。

熱量＝1人分（4等分）44kcal

材料（3〜4人分）
きゅうり　　1本
キーウィフルーツ　　1個
レモンのしぼり汁　　½個分
砂糖　　25g
粉ゼラチン　　5g

作り方
準備　ゼラチンは水大さじ1でふやかす。
1 皮をむいたきゅうりとキーウィフルーツをおろし金ですりおろし、レモンのしぼり汁と水を足して250mlにする。
2 鍋に1を入れ、弱めの中火で少し煮る。砂糖を入れて溶けたら火から下ろす。少し冷めたらゼラチンを加え、よく溶かし混ぜる。
3 容器に入れて冷やし固める。きゅうりの薄切り（分量外）を飾る。

＊キーウィフルーツや生のパイナップルはそのままだと酵素の働きでゼラチンが固まらないので、必ず火を通してからゼラチンを加えるようにしてください。
＊南イタリア名物のレモンチェッロというレモンのリキュールがあれば、それを加えると大人の味に。

ミントカヌレ

難しそうに見えるカヌレも、この配合と焼き上げる温度を守れば、前日に作った生地を翌日焼くだけ。
実はとても簡単にできるのです。焼き色がしっかりつくまで、じっくり時間をかけて焼き上げてください。

熱量＝1個分221kcal

材料(カヌレ型5個分)
ミントの葉　　2g程度(双葉10組み程度)
卵黄　1個分
牛乳　270mℓ
グラニュー糖　120g
薄力粉　90g
バニラオイル　5滴
ミントリキュール　小さじ1

作り方

1　ミントの葉を洗い、みじん切りにする。

2　大きなボウルに卵黄を入れてほぐし、牛乳50mℓ程度とグラニュー糖を加えて、泡立て器でよく混ぜる。

3　**2**に薄力粉を一気にふるい入れて、だまにならないように混ぜる。

4　残りの牛乳と、バニラオイル、ミントリキュールをボウルに加えて混ぜる。できればこし器でこし、ミントの葉を入れてラップフィルムをかけ、冷蔵庫で半日以上ねかす。

5　カヌレ型(なければプリン型)の内側に、ていねいにバター(分量外)をぬる。

6　**4**を下のほうからよく混ぜ、型に八分目程度に均等に流し込み、230℃のオーブンで45～55分かけて、しっかりきれいな焦げ茶の焼き色がつくまで焼く。型からはずして、色づきが薄いようなら再度型に入れ、上1/3をアルミフォイルでおおってさらに焼く。

7　オーブンから出したら、型からはずして冷ます。

＊ミントの葉は底に沈みますが、香りづけに力を発揮してくれます。

＊カヌレ型がなければプリン型でも大丈夫。上に焼き目がつかない部分が少しできますが、そこにミントリキュールのきれいな緑色が出てかわいく仕上がります。

1　ミントの葉をみじん切りに。

4　材料を混ぜて最後にミントの葉を加え、冷蔵庫で半日以上ねかす。

季節の野菜のグラッセ

砂糖控えめのやさしい甘さのグラッセ。
長い保存は向きません。
お早めに食べきってください。

熱量＝1人分（10等分）13kcal（しょうが）〜29kcal（紫いも）

野菜チップス

夜遅い時間に何かつまみたいというときにぜひおすすめしたいのがこれです。
特ににんじんはちょっと歯ごたえがあって、かんでいると凝縮された甘みが広がってきます。
油をいっさい使っていないので、野菜のやさしい甘みを充分に感じることができ、ダイエットに最適のおつまみです。
ぱりっとしたチップスが食べたいときは、油でさっと揚げて、塩を軽くふって召し上がってください。

熱量＝1人分（全量を10等分）41kcal

作り方93ページ

季節の野菜のグラッセ

材料はすべて作りやすい量。火加減は弱めの中火で。

しょうがのグラッセ

材料
しょうが　　30g
グラニュー糖　　15g

作り方
しょうがはよく洗い、黒いところだけを取り除き、皮のまま厚さ2mmの薄切りにして、水につける。鍋にしょうがとかぶる程度の水を入れて火にかけ、沸騰して少し煮たら湯を捨て、再度ひたひたの水を入れてグラニュー糖を加え、最後に少し水分が残る程度まで煮つめる。

ごぼうのグラッセ

材料
ごぼう　　10cm（30g程度）
グラニュー糖　　15g
ブランデー　　小さじ1

作り方
ごぼうはたわしでこすって洗い、厚さ2mm程度の斜め薄切りにして、水につける。鍋にごぼうとひたひたの水を入れ、中火で加熱し、煮立ってきたら弱火にしてグラニュー糖を入れ、やわらかくなるまで煮る。最後にブランデーを加えて一煮立ちさせる。

ふきのグラッセ

材料
ふき　　細いもの数本
グラニュー糖　　ふきの重量の⅓

作り方
ふきはさっとゆでて水にとり、皮をむく。長さ5cm程度に切って鍋に入れ、ひたひたより少なめの水とグラニュー糖を入れ、水分がほぼなくなるまで煮含める。

紫いものグラッセ

材料
紫いも　　細いもの1本
グラニュー糖　　いもの重量の⅓

作り方
紫いもはよく洗い、皮をむいて厚さ7mm程度の輪切りにし、水にさらしてから、鍋に入れてひたひたの水とグラニュー糖を入れ、やわらかくなるまで煮含める。

たけのこのグラッセ

材料
生のたけのこ　　できれば先端の部分
グラニュー糖　　たけのこの重量の⅓

作り方
たけのこは皮をむき、先端の部分なら厚さ2mm程度の薄切りにする。下の部分を使う場合も大きさをそろえて、厚さ2mm程度の薄切りにする。鍋にたけのことたっぷりかぶる程度の水を入れて火にかける。沸騰したら火を弱めて2分程度ゆでたら、火から下ろし、湯を捨てる。再度ひたひたの水とグラニュー糖を入れて、水分がほぼなくなるまで煮含める。

▼

すべてのグラッセに共通の仕上げ
煮上がったら、グラッセは網の上に並べるなどして、八分どおり乾かしておく。グラニュー糖またはクリスタルシュガー（グラニュー糖より粒が大きくて透明度の高い、飾り用の砂糖）をまわりや下の部分などにまぶして仕上げる。

＊他の季節の野菜でも作ってみてください。そら豆、蓮根、かぼちゃなどは作りやすいでしょう。甘さも好みに調節してください。

野菜チップス

材料(作りやすい量)
ごぼう　　15cm
かぼちゃ　⅛個
にんじん　小1本
紫いも　　½本
蓮根　　　細いもの1節

作り方
1. 野菜はそれぞれ洗い、蓮根だけ皮をピーラーでむき、他の野菜は黒い部分を取り除き、皮はつけたままで厚さ1〜2mmの薄切りにする。
2. 耐熱皿にペーパータオルを敷き、上に野菜を重ならないように並べる。
3. 電子レンジで3分加熱し、表裏を返して、さらに2分加熱する。水分が飛んで乾燥するまで様子を見ながら、30秒ずつ加熱を繰り返す。あまり長い時間加熱すると野菜が焦げることがあるので注意する。様子を見ながら加熱時間は少しずつ延長し、一気に長い時間加熱しないようにする。
4. しっかり乾燥してかたくなったら、ざるなどの上に出してさらに乾かす。
5. 密閉容器に入れて、しけらないように保存する。

※野菜の厚みを同じように均等に切るのが、きれいに作るこつです。

季節の野菜のジャム

野菜の味や色をできるだけ生かしたうえでカロリーダウンを図ったレシピです。
長期保存には向かないので、作ったら早めに食べきってください。
保存瓶をきちんと熱湯消毒することで、保存状態がかなり改善されますから、この一手間は大切です。
トーストやパンケーキ、ワッフルなどに添えてどうぞ。

熱量＝全量142kcal（トマト）～222kcal（かぶ）

トマトのジャム

なすのジャム

かぶのジャム

にんじんのジャム

＊火加減はどれも弱めの中火。

トマトのジャム

材料
トマト　100g
砂糖　30g
レモンのしぼり汁　½個分
白ワイン　50mℓ

作り方
トマトは湯むきしてへたを取り、ざく切りにして、砂糖、レモンのしぼり汁、白ワインをすべて加えて、煮くずれるまで煮込む。水分が減ってとろりとしてきたら火から下ろして冷ます。

かぶのジャム

材料
かぶ　3個（200g程度）
砂糖　45g
水　50mℓ
白ワイン　50mℓ
しょうがのしぼり汁　小さじ1

作り方
かぶはよく洗い、皮ごとすりおろす。鍋にすべての材料を入れて中火で加熱し、泡が出てきたら弱火にして煮込む。少しとろみがついてきたら火から下ろして冷ます。

なすのジャム

材料
なす　小2本（120g程度）
砂糖　40g
水　50mℓ
レモンのしぼり汁　½個分

作り方
なすは皮をすべてむき、白い部分だけを7mm程度の角切りにして、水にさらす。鍋に分量の水と砂糖を入れて、砂糖が溶けたらなすを加えて、なすがやわらかくなるまで煮る。レモン汁も加えて、とろみが少し出るまでさらに煮つめたら、火から下ろして冷ます。

にんじんのジャム

材料
にんじん　1本（150g程度）
砂糖　25g
水　50mℓ
レモンのしぼり汁　½個分

作り方
にんじんはよく洗い、皮ごと薄切りにして鍋に入れ、分量の水と砂糖を加えて煮る。やわらかくなったら煮汁ごとミキサーにかけてなめらかにする。鍋に戻し、煮つめてかたさを調節する。最後にレモン汁を加える。

にんじんとなすのジャムを添えたホエー入りパンケーキ。

水きりヨーグルト（p.11参照）を作るときにできる"ホエー"と市販のホットケーキミックスで作るパンケーキ。ホエーは栄養満点。ぜひとっておいて、このように利用してください。卵や他の材料を入れる必要もなく、もちもちでさっぱりした香りのおいしいパンケーキができます。

高橋典子(たかはし・のりこ)

慶応義塾大学法学部法律学科卒業。金融機関に総合職1期生として入社、店舗戦略、新商品企画等を担当。その後夫の海外留学や赴任に伴い、ロンドン、ニューヨークで各国料理とワイン、テーブルセッティングの勉強をする。2002年から料理教室を主宰しつつ、さまざまなジャンルの料理やデザートの研究を続けている。
現在は東京都世田谷区野毛の自宅で料理教室を開いている。

Nonnon Cooking Salon
http://www.nonnoncooking.com

アートディレクション　鷲巣 隆
デザイン　鷲巣デザイン事務所
　　　　　（北岡稚子
　　　　　　桑水流理恵
　　　　　　木高あすよ）
撮影　公文美和
スタイリング　大谷マキ
製作助手　瀧本めぐみ
　　　　　澤本貞子
　　　　　藤野幸子
　　　　　小渋聡子
　　　　　Nonnon Cooking Salonの皆さん
取材協力　豆富 にとう(東京 仁藤商店)
　　　　　電話03-3705-1171
カロリー計算　スタジオ食
編集協力　貝塚三枝子
　　　　　中谷 充

カロリー控えめでヘルシーな
おから、豆腐、豆乳、野菜のお菓子

2010年5月23日　第1刷発行

著　者　高橋典子
発行者　大沼 淳
発行所　学校法人 文化学園 文化出版局
　　　　〒151-8524
　　　　東京都渋谷区代々木3-22-7
　　　　電話03-3299-2488(編集)
　　　　　　03-3299-2540(営業)
印刷・製本所　株式会社文化カラー印刷

©Noriko Takahashi 2010　Printed in Japan

Ⓡ本書の全部または一部を無断で複写(コピー)することは、著作権法上での例外を除き、禁じられています。
本書からの複写を希望される場合は、日本複写権センター(電話03-3401-2382)にご連絡ください。

お近くに書店がない場合、
読者専用注文センターへ　0120-463-464

ホームページ http://books.bunka.ac.jp/